Handbuch des Dienstleisters

Praktiken der Exzellenz, um Kunden zu Fans zu machen

Paulo Ehms

MMXXIV

Copyright Notice © 2024 Paulo Ehms

Alle Rechte vorbehalten. Kein Teil dieses Buches darf in irgendeiner Form oder auf irgendeine Weise reproduziert, gespeichert oder übertragen werden, sei es elektronisch oder mechanisch, einschließlich Fotokopie, Aufnahme oder durch jedes Informationsspeicher- und -abrufsystem, ohne schriftliche Genehmigung des Urheberrechtsinhabers, außer bei kurzen Zitaten in kritischen Rezensionen und anderen gemäß dem Urheberrechtsgesetz zulässigen Verwendungen.

Für Anfragen zur Genehmigung und Feedback kontaktieren Sie bitte: pauloehms@hotmail.com

Inhaltsverzeichnis

Einführung 5
   Die Welt der Dienstleister erkunden 5

Kapitel 1 7
   Entschlüsselung der Welt der Dienstleister 7
   Bedeutung des Handbuchs für Dienstleister 9

Kapitel 2 12
   Profil des Dienstleisters 12
   Fähigkeiten erforderlich 14
   Arten von Dienstleistern 17

Kapitel 3 20
   Vorbereitung 20
   Zertifizierungen 22
   Portfoliomanagement 25

Kapitel 4 28
   Gründung Ihres Unternehmens 28
   Anmeldung und Lizenzen 30
   Finanzplanung 33

Kapitel 5 37
   Persönliches Marketing 37
   Marketingstrategien 40
   Nutzung von sozialen Medien 42

Kapitel 6 46
   Kundenmanagement 46
   Konfliktlösung 52

Kapitel 7 55

Servicebereitstellung 55

Projektmanagement 58

Qualität im Kundenservice 61

Kapitel 8 65

Rechtliche und vertragliche Aspekte 65

Rechte und Pflichten 68

Beilegung von Streitigkeiten 71

Kapitel 9 75

Nützliche Werkzeuge und Ressourcen 75

Marketingplattformen 78

Networking 81

Kapitel 10 85

Kontinuierliche berufliche Weiterentwicklung 85

Fortlaufende Weiterbildung 89

Kapitel 11 96

Fallstudien Praktische Beispiele erfolgreicher
Dienstleister 97

Kapitel 12 101

Ethik in der Dienstleistungserbringung und ihr Beitrag
zum Aufbau eines dauerhaften Rufes 101

Die Bedeutung des guten Rufs 105

Fazit 108

Einführung

Die Welt der Dienstleister erkunden

Willkommen beim "Dienstleister-Handbuch"! Dieses Buch wurde sorgfältig erstellt, um Sie durch das faszinierende Universum des Unternehmertums und der Dienstleistungen zu führen. Ob Sie bereits ein erfahrener Dienstleister sind oder gerade erst überlegen, sich auf diese Reise zu begeben, dieser Leitfaden bietet wertvolle Einblicke, praktische Tipps und grundlegende Anleitungen für Ihren Erfolg.

In einer dynamischen und zunehmend wettbewerbsintensiven Umgebung erweist sich die Erbringung von Dienstleistungen als vielversprechender Weg für Selbstständige und Unternehmer. Ob Sie Grafikdesigner, Programmierer, Berater oder in einem anderen Beruf tätig sind, dieses Handbuch bietet einen umfassenden Leitfaden, der von der Entwicklung Ihrer Fähigkeiten bis hin zum effektiven Management Ihres eigenen Unternehmens reicht.

Im Kapitel 1 werden wir die ersten Schritte unternehmen, indem wir die Bedeutung dieses Handbuchs in den Kontext setzen und hervorheben, wie es zu einem wertvollen Werkzeug auf Ihrer Reise wird. Im Verlauf der Seiten werden wir wichtige Themen erkunden, wie die Definition des idealen Profils des Dienstleisters, die Vorbereitung auf

Herausforderungen und die Strukturierung Ihres eigenen Unternehmens.

Von hier aus werden wir eine Lern- und Verbesserungsreise antreten, die von praktischen Aspekten wie der Vertragsgestaltung und dem Kundenmanagement bis hin zum Aufbau einer effektiven Online-Präsenz und Strategien, um sich auf dem Markt zu positionieren, reicht.

Seien Sie bereit, nützliche Werkzeuge und Ressourcen zu entdecken, die Ihre Produktivität und Effizienz steigern werden, und lernen Sie von inspirierenden Fallstudien erfolgreicher Dienstleister.

Nach Abschluss dieser Reise hoffen wir, dass Sie sich befähigt und inspiriert fühlen, neue Höhen in Ihrer Karriere als Dienstleister zu erreichen. Machen Sie sich bereit, diesen aufregenden Weg voller Herausforderungen, Erfolge und beruflichem Wachstum zu erkunden. Der Erfolg wartet auf Sie, und dieses Handbuch ist Ihr verlässlicher Führer auf dieser spannenden Reise!

Kapitel 1

Entschlüsselung der Welt der Dienstleister

Seien Sie herzlich willkommen im Herzen dieses Leitfadens, in dem wir gemeinsam die komplexe Welt der Dienstleister entschlüsseln werden. Dieses erste Kapitel dient als Einstiegstor zu einer Reise voller Entdeckungen, Lernmöglichkeiten und vor allem Chancen für Ihr berufliches Wachstum.

1.1 Warum dieses Buch?

Entdecken Sie den Zweck: Mit der Veröffentlichung dieses Buches ist unser vorrangiges Ziel, Ihnen einen zuverlässigen Kompass inmitten des weiten Territoriums der Dienstleistungen zu bieten. Die Komplexität der aktuellen Situation erfordert einen strategischen Ansatz, und dieser Leitfaden wurde entwickelt, um Ihr Kompass zu sein und Sie durch jede Herausforderung, jede Entscheidung und jeden Moment des Wachstums zu führen.

1.2 Was erwartet Sie?

Wegweiser zum Erfolg: In den nächsten Abschnitten werden wir die wesentlichen Grundlagen untersuchen, die den Weg des Dienstleisters ausmachen. Von der Definition des idealen Profils bis hin zum Kundenmanagement wurden alle Themen sorgfältig ausgewählt, um Sie zu befähigen, auch durch die oft turbulenten Gewässer dieses Sektors zu navigieren, und Ihnen die erforderlichen Werkzeuge zur Verfügung zu stellen, um eine solide und erfolgreiche Karriere aufzubauen.

1.3 Für wen ist dieses Buch gedacht?

Ein universeller Leitfaden: Dieses Buch richtet sich an eine Vielzahl von Fachleuten, von denen, die ihre ersten Schritte in der Dienstleistungsbranche unternehmen, bis hin zu erfahrenen Unternehmern. Egal, ob Sie Designer, Berater, Schriftsteller oder in einem anderen Bereich tätig sind, die hier enthaltenen Informationen sind anpassungsfähig und relevant für alle Dienstleister, die sich auf dem Markt hervorheben möchten.

1.4 Wie benutzt man diesen Leitfaden?

Durch die Seiten navigieren: In diesem Handbuch finden Sie praktische Tipps, Beispiele aus der realen Welt und Übungen, die Sie herausfordern, das erlangte Wissen anzuwenden. Wir empfehlen Ihnen, sequenziell zu lesen, aber fühlen Sie sich frei, die Abschnitte je nach Ihren spezifischen Bedürfnissen zu erkunden.

Wir freuen uns darauf, diese Reise mit Ihnen zu beginnen. Lassen Sie uns gemeinsam in die Seiten des "Handbuchs für Dienstleister" eintauchen und die Strategien entdecken, die Ihren Erfolg in dieser dynamischen und herausfordernden Welt vorantreiben werden. Die Reise beginnt jetzt!

Bedeutung des Handbuchs für Dienstleister

1.2 Bedeutung des Handbuchs für Dienstleister

Die Welt der Dienstleistungen ist weitreichend, dynamisch und manchmal herausfordernd. In diesem Kontext stellt sich die Frage: Warum ist ein spezifisches Handbuch für Dienstleister so entscheidend? Die Antwort liegt im Verständnis, dass angemessene Vorbereitung und fundiertes Wissen unverzichtbare Grundlagen für den Aufbau einer erfolgreichen Karriere sind. Lassen Sie uns die grundlegende Bedeutung dieses Leitfadens erkunden und wie er zu einem unverzichtbaren Werkzeug für den modernen Dienstleister wird.

1.2.1 Strategische Ausrichtung

Mit Zuversicht navigieren: Beim Eintauchen in die Welt der Dienstleistungen ist es einfach, sich zwischen den vielen Optionen, Herausforderungen und Entscheidungen verloren zu fühlen. Dieses Handbuch bietet eine strategische Ausrichtung, die Ihnen hilft, einen klaren Weg zu definieren und fundierte Entscheidungen zu treffen. Ein umfassendes Verständnis der grundlegenden Prinzipien befähigt Sie, selbstbewusst und entschlossen zu handeln.

1.2.2 Überwindung von Hindernissen

Vor den Herausforderungen antizipieren: Die Dienstleistungsbranche birgt eine Vielzahl von Herausforderungen, von intensivem Wettbewerb bis hin zu komplexen rechtlichen Fragen. Das Handbuch geht diese Hindernisse direkt an, bietet Einblicke und Strategien, um gängige Probleme zu antizipieren und zu überwinden. Die Vorbereitung auf Widrigkeiten ist der Schlüssel, um Fallen zu vermeiden und widerstandsfähig zu bleiben.

1.2.3 Aufbau solider Grundlagen

Eine dauerhafte Karriere aufbauen: Um eine solide Karriere aufzubauen, ist es unerlässlich, solide Grundlagen zu haben. Dieses Handbuch bietet praktische Informationen und eine Struktur für kontinuierliche Entwicklung. Das Erlernen der Grundlagen von Anfang an ist wie der Aufbau robuster Grundlagen und gewährleistet, dass Ihre Karriere im Laufe der Zeit nachhaltig wächst.

1.2.4 Anpassung an Veränderungen

Bleiben Sie auf dem Laufenden: Die Welt der Geschäfte und Dienstleistungen befindet sich ständig im Wandel. Neben aktuellen Praktiken behandelt das Handbuch auch, wie man sich an Marktveränderungen anpasst. Die Fähigkeit, relevant und innovativ zu bleiben, ist ein wesentlicher Unterschied, und dieser Leitfaden bereitet Sie darauf vor, den Herausforderungen der Zukunft zu begegnen.

1.2.5 Stärkung des Fachmanns

Wandeln Sie Wissen in Macht um: Indem Sie die Bedeutung dieses Handbuchs verstehen, werden Sie mit Wissen ausgestattet, das über die Theorie hinausgeht. Das Ziel ist es, Sie dazu zu befähigen, informierte Entscheidungen zu treffen, die Kontrolle über Ihre Karriere zu übernehmen und Wissen in Macht umzuwandeln. Dieser Leitfaden ist ein dynamisches Werkzeug zur Gestaltung Ihres Erfolgs.

Indem Sie die Bedeutung dieses Handbuchs verstehen, sind Sie bereit, in die folgenden Abschnitte einzutauchen, bereit, die Erkenntnisse, Strategien und praktischen Anleitungen aufzunehmen, die Sie bei der Gestaltung einer erfolgreichen Karriere als Dienstleister unterstützen werden. Die Reise hat gerade erst begonnen, und Sie haben die Kontrolle.

Kapitel 2

Profil des Dienstleisters

2.1 Qualitäten Essentials

Um den Weg der Dienstleistung erfolgreich zu beschreiten, ist es entscheidend, bestimmte wesentliche Qualitäten zu entwickeln und zu verbessern, die Ihre berufliche Identität formen und das Maß an Exzellenz bestimmen, das Sie in Ihren Unternehmungen erreichen können. Lassen Sie uns einige der grundlegenden Qualitäten erkunden, die einen erfolgreichen Dienstleister ausmachen.

2.1.1 Professionalität

Verpflichtung zur Ethik: Ein Dienstleister zu sein bedeutet, nicht nur sich selbst, sondern auch die ethischen Werte Ihrer Arbeit zu repräsentieren. Professionalität geht über technische Fähigkeiten hinaus; es beinhaltet die Einhaltung von Fristen, die effektive Kommunikation und den respektvollen Umgang mit Kunden und Kollegen. Es ist die Basis, auf der solide berufliche Beziehungen aufgebaut werden.

2.1.2 Empathie

Kundenverständnis: Das Verstehen der Bedürfnisse und Erwartungen der Kunden ist eine wesentliche Fähigkeit. Empathie ermöglicht es Ihnen, sich in die Lage des Kunden zu versetzen und seine Anliegen und Wünsche zu verstehen.

Diese Qualität stärkt die berufliche Beziehung und leitet die Bereitstellung personalisierter und hochwertiger Dienstleistungen.

2.1.3 Effektive Kommunikation

Klare Ideenübermittlung: Die Fähigkeit, sich klar und effektiv zu kommunizieren, ist ein signifikanter Unterschied. Von der Ausarbeitung von Vorschlägen bis zur täglichen Interaktion mit Kunden ist die Kommunikation das Rückgrat der Dienstleistung. Die Entwicklung dieser Fähigkeit verbessert das gegenseitige Verständnis und verhindert Missverständnisse, die im Laufe des Prozesses auftreten können.

2.1.4 Proaktivität

Antizipation von Bedürfnissen: Proaktiv zu sein bedeutet, sich den Bedürfnissen des Kunden vorauszusehen und die Initiative zu ergreifen, um Probleme zu lösen. In einer Dienstleistungsumgebung hebt die Proaktivität den Fachmann hervor, indem sie Engagement und Hingabe zeigt, um die Erwartungen des Kunden zu übertreffen.

2.1.5 Problemlösungskompetenz

Umgang mit Herausforderungen: Herausforderungen sind in der Dienstleistung unvermeidlich. Die Fähigkeit, Probleme zu identifizieren, Lösungen zu analysieren und korrigierende Maßnahmen umzusetzen, ist lebenswichtig. Effektive Problemlösung zeigt Ihre Kompetenz und baut das Vertrauen sowohl der

Kunden als auch anderer Fachleute in der Branche auf.

2.1.6 Anpassungsfähigkeit

Flexibilität für Veränderungen: Die Dienstleistungsumgebung unterliegt schnellen Veränderungen. Die Fähigkeit, sich an neue Umstände, Technologien und Marktanforderungen anzupassen, ist eine wertvolle Qualität. Die Anpassungsfähigkeit gewährleistet, dass Sie im Laufe der Zeit relevant und wettbewerbsfähig bleiben.

Indem Sie diese wesentlichen Qualitäten in Ihre berufliche Herangehensweise entwickeln und integrieren, legen Sie die Grundlagen für eine solide Karriere in der Dienstleistung. Im nächsten Abschnitt werden wir die Bedeutung kontinuierlicher Entwicklung und Bildung zur weiteren Verbesserung Ihrer Fähigkeiten behandeln.

Fähigkeiten erforderlich

2.2 Erforderliche Fähigkeiten

Neben persönlichen Eigenschaften erfordert die Erbringung von Dienstleistungen einen spezifischen Satz von technischen Fähigkeiten, die den Fachmann befähigen, qualitativ hochwertige Dienstleistungen anzubieten und sich in seinem Tätigkeitsbereich zu profilieren. Lassen Sie uns die wesentlichen Fähigkeiten erkunden, die für den Erfolg als Dienstleister unerlässlich sind.

2.2.1 Technische Spezialisierung

Meister Ihrer Kunst: Unabhängig von der Branche, in der Sie tätig sind, ist die technische Spezialisierung ein grundlegendes Erfordernis. Die Vertiefung Ihrer spezifischen Fähigkeiten, sei es Programmierung, Design, Beratung oder ein anderes Gebiet, erhöht Ihre Effizienz und etabliert Sie als Referenz in Ihrem Bereich.

2.2.2 Projektmanagement

Effiziente Lieferungen: Die Fähigkeit, Projekte effizient zu managen, ist entscheidend für die Erbringung von Dienstleistungen. Von der Festlegung von Zielen über die Ressourcenzuweisung bis hin zur Einhaltung von Fristen gewährleistet das Projektmanagement, dass Sie Dienstleistungen organisiert und professionell von hoher Qualität erbringen.

2.2.3 Finanzielle Kenntnisse

Persönliches und Geschäftliches Finanzmanagement: Das Verständnis grundlegender Finanzprinzipien ist unerlässlich. Dazu gehört die Fähigkeit, Budgets zu erstellen, Ihre Dienstleistungen angemessen zu bewerten und Ihre Geschäftsfinanzen effektiv zu verwalten. Solide finanzielle Fähigkeiten gewährleisten die langfristige Nachhaltigkeit Ihrer Operationen.

2.2.4 Verhandlungsfähigkeit

Ausrichtung von Interessen: Verhandlung ist eine Kunst, insbesondere in der Dienstleistung. Die Fähigkeit, Vertragsbedingungen, Preise und Erwartungen mit Kunden, Partnern und Lieferanten auszuhandeln, ist entscheidend, um gesunde Beziehungen und gegenseitig vorteilhafte Vereinbarungen zu gewährleisten.

2.2.5 Analytisches Denken

Datengestützte Entscheidungsfindung: Die Analyse von Daten und Informationen ist entscheidend für fundierte Entscheidungen. Das analytische Denken ermöglicht es dem Dienstleister, Situationen zu bewerten, Trends zu identifizieren und Strategien anzupassen, um den Bedürfnissen des Marktes besser gerecht zu werden.

2.2.6 Persönliches Marketing

Effektive Promotion: Das Wissen um die Vermarktung Ihrer Dienstleistungen ist ebenso wichtig wie die Qualität der Arbeit selbst. Die Entwicklung von Fähigkeiten im persönlichen Marketing, ob online oder offline, trägt dazu bei, eine herausragende Präsenz im Markt zu schaffen und neue Kunden und Chancen anzuziehen.

2.2.7 Technische Kompetenz

Verfolgung von Innovationen: Wir leben in einer sich ständig weiterentwickelnden digitalen Ära. Auf dem neuesten Stand der Technologie und Werkzeuge in Ihrem Tätigkeitsbereich zu bleiben, erhöht Ihre Effizienz und zeigt ein Engagement für Innovation und Exzellenz.

Durch die Integration dieser technischen Fähigkeiten in Ihr berufliches Repertoire sind Sie besser gerüstet, um Herausforderungen zu bewältigen und sich in der Dienstleistung hervorzuheben.

Arten von Dienstleistern

2.3 Arten von Dienstleistern

Die Vielfalt im Bereich der Dienstleistungen ist bemerkenswert und umfasst eine breite Palette von Fachleuten, jeder mit seinen Spezialgebieten und einzigartigen Ansätzen. In diesem Abschnitt werden einige der häufigsten Arten von Dienstleistern erkundet, wobei die Vielfalt an Fähigkeiten und Talenten anerkannt wird, die zu Reichtum in diesem dynamischen Sektor beitragen.

2.3.1 Berater

Lösungsspezialisten: Berater sind Experten auf ihrem Gebiet und bieten wertvolle Einblicke und Strategien, um Unternehmen und Einzelpersonen dabei zu helfen, spezifische Herausforderungen zu bewältigen. Ihre analytischen Fähigkeiten und Problemlösungskompetenzen sind entscheidend für die Lenkung strategischer Entscheidungen.

2.3.2 Freiberufler

Berufliche Unabhängigkeit: Freiberufler sind selbstständige Fachleute, die ihre Dienste in verschiedenen Bereichen wie Schreiben, Design, Programmierung und anderen anbieten. Ihre Autonomie ermöglicht Flexibilität, obwohl effizientes Zeitmanagement und die kontinuierliche Suche nach Möglichkeiten entscheidend sind.

2.3.3 Dienstleistungsunternehmer

Geschäftsgründung und -führung: Dies sind Dienstleister, die ihre Fähigkeiten anbieten und oft komplette Unternehmen führen. Sie übernehmen finanzielle Verantwortung, führen Teams und entwickeln oft innovative Lösungen, um den Marktanforderungen gerecht zu werden.

2.3.4 Gesundheits- und Wellnessfachleute

Körper- und Geistespflege: Dazu gehören Ärzte, Therapeuten, Personal Trainer und andere, die auf die Gesundheit und das Wohlbefinden der Kunden fokussiert sind. Ihre Fähigkeiten gehen über das Technische hinaus und umfassen Empathie und ein ganzheitliches Verständnis des Kunden.

2.3.5 Technologieexperten

Innovation und Entwicklung: Technologieprofis wie Softwareentwickler, Ingenieure und Cybersicherheitsspezialisten spielen eine wichtige Rolle im digitalen Zeitalter. Ihre Fähigkeiten sind entscheidend für die ständige Entwicklung des technologischen Umfelds.

2.3.6 Marketingdienstleister

Markenförderung und Positionierung: Diese Fachleute sind auf Marketingstrategien spezialisiert und helfen Unternehmen, ihre Sichtbarkeit zu erhöhen, Kunden anzuziehen und ihre Marken im Markt zu positionieren. Ihre Fähigkeiten reichen von digitalem Marketing bis hin zu traditionellen Werbestrategien.

2.3.7 Kreative Dienstleister

Ausdruck von Kunst und Design: Künstler, Designer, Schriftsteller und Musiker tragen zur Kreativität in verschiedenen Branchen bei. Ihre künstlerischen Fähigkeiten sind für die visuelle und konzeptionelle Kommunikation in einer Vielzahl von Projekten unerlässlich.

2.3.8 Bildungsfachleute

Wissensvermittlung: Pädagogen und Trainer widmen sich der Vermittlung von Wissen und Fähigkeiten. Ob im Klassenzimmer, online oder in Unternehmensschulungen, sie spielen eine wichtige Rolle bei der Entwicklung individueller und organisatorischer Fähigkeiten.

Durch das Verständnis der Vielfalt von Dienstleistern können Sie identifizieren, wo Ihre Fähigkeiten und Interessen am besten passen, und Ihre Karriere effektiver lenken. Im nächsten Kapitel werden wir die notwendige Vorbereitung für diesen Weg mit Vertrauen und Erfolg behandeln.

Kapitel 3

Vorbereitung

3.1 Bildung und Training

Eine solide Grundlage für eine erfolgreiche Karriere in der Dienstleistungsbranche liegt weitgehend in der kontinuierlichen Suche nach Wissen und kontinuierlicher Weiterentwicklung. In diesem ersten Thema werden wir die Bedeutung formaler Bildung und spezifischen Trainings als grundlegende Elemente für die Vorbereitung und Weiterentwicklung des Dienstleisters erkunden.

3.1.1 Formale Bildung

Die Kraft des akademischen Wissens: Formale Bildung wie Abschlüsse, Zertifizierungen und Universitätskurse bieten eine solide theoretische Grundlage für die berufliche Praxis. Dieses akademische Wissen validiert Ihre Fähigkeiten, bietet jedoch auch ein umfassendes Verständnis der grundlegenden Prinzipien in Ihrem Fachgebiet.

3.1.2 Spezifische Kurse

Fähigkeitenorientierte Schulungen: Neben der formalen Bildung bieten spezifische Kurse, die auf Ihr Fachgebiet ausgerichtet sind, praktisches und aktuelles Lernen. Diese Kurse sind oft darauf ausgerichtet, den Marktanforderungen gerecht zu werden, indem sie spezifische Fähigkeiten vermitteln, die sofort im beruflichen Umfeld angewendet werden können.

3.1.3 Workshops und Seminare

Interaktives Lernen: Die Teilnahme an Workshops und Seminaren ermöglicht praktische und interaktive Erfahrungen. Diese Veranstaltungen ermöglichen den Austausch von Ideen, Networking mit anderen Fachleuten und den Zugang zu Informationen und aktuellen Trends in Ihrem Bereich, was wesentlich zur kontinuierlichen Weiterentwicklung beiträgt.

3.1.4 Professionelle Zertifizierungen

Kompetenzvalidierung: Professionelle Zertifizierungen sind anerkannte Gütesiegel in der Branche, die Ihre spezifischen Fähigkeiten validieren. Sie verleihen Ihrem Profil zweifellos Glaubwürdigkeit, demonstrieren aber vor allem Ihr Engagement für Exzellenz und die Einhaltung anerkannter Standards.

3.1.5 Fortlaufende Bildung

Permanente Investition in Wissen: Die Dienstleistungsbranche ist ein dynamisches Feld, das schnellen Veränderungen und ständigen Innovationen unterliegt. Fortlaufende Bildung, sei es durch Online-Kurse, relevante Lektüre oder die Teilnahme an Webinaren, gewährleistet, dass Sie immer auf dem neuesten Stand sind und bereit sind, sich den sich ständig verändernden Herausforderungen Ihrer Branche zu stellen.

3.1.6 Entwicklung von Sozialkompetenzen

Über das Technische hinaus: Neben den technischen Fähigkeiten ist die Entwicklung von Sozialkompetenzen wie effektive Kommunikation, Empathie und Zusammenarbeit entscheidend. Viele Aspekte der Dienstleistung beinhalten zwischenmenschliche Interaktionen, und die Verbesserung dieser Fähigkeiten trägt zu stabileren beruflichen Beziehungen bei.

Durch Investition von Zeit und Mühe in Ihre Bildung und Ausbildung stärken Sie nicht nur Ihre technischen Fähigkeiten, sondern positionieren sich auch als engagierter Fachmann für kontinuierliche Verbesserung. Im nächsten Thema werden wir die Bedeutung des Erwerbs relevanter Zertifizierungen als integralen Bestandteil Ihrer Reise in der Dienstleistungsbranche erkunden.

Zertifizierungen
3.2 Zertifizierungen

In einer Welt, in der der Wettbewerb hart ist und die Validierung von Fähigkeiten entscheidend ist, spielen berufliche Zertifizierungen eine bedeutende Rolle im Werdegang eines Dienstleisters. In diesem Abschnitt werden wir die Bedeutung der Erlangung von Zertifizierungen untersuchen und hervorheben, wie diese Gütesiegel Ihre Glaubwürdigkeit steigern und Türen für wertvolle Möglichkeiten öffnen können.

3.2.1 Anerkennung der Kompetenz

Externe Validierung: Zertifizierungen validieren nicht nur Ihre Fähigkeiten, sondern bieten auch eine externe Anerkennung Ihrer Kompetenz in einem bestimmten Bereich. Dies ist besonders wichtig in einem Markt, in dem das Vertrauen der Kunden entscheidend ist.

3.2.2 Differenzierung im Markt

Heben Sie sich von der Konkurrenz ab: In einem wettbewerbsintensiven Umfeld bieten Zertifizierungen eine greifbare Möglichkeit, sich von der Konkurrenz abzuheben. Arbeitgeber und Kunden suchen oft nach Fachleuten, die sich durch ihr Engagement für Wissenserwerb und Fähigkeitsverbesserung ausgezeichnet haben.

3.2.3 Zugang zu spezifischen Möglichkeiten

Durch Zertifizierungen geöffnete Türen: Zertifizierungen öffnen oft Türen zu spezifischen Beschäftigungsmöglichkeiten oder Projekten. Einige Unternehmen und Kunden schätzen Zertifizierungen, wenn sie Dienstleister für spezialisierte Aufgaben suchen.

3.2.4 Kontinuierliches Update

Verfolgung von Branchentrends: Viele Zertifizierungen erfordern regelmäßige Kurs- oder Prüfungsabschlüsse, um ihre Gültigkeit aufrechtzuerhalten. Dies fördert eine kontinuierliche Aktualisierung und hält Sie auf dem neuesten Stand der Trends und Praktiken in Ihrem Tätigkeitsbereich.

3.2.5 Aufbau von Vertrauen

Qualitätsgarantie: Für Kunden und Arbeitgeber werden Zertifizierungen oft als Qualitätssiegel angesehen. Sie bieten eine klare Anzeige dafür, dass Sie die erforderlichen Fähigkeiten und Kenntnisse besitzen, um qualitativ hochwertige Arbeit zu leisten.

3.2.6 Berufliche Entwicklung

Karriereentwicklung: Zertifizierungen können ein Sprungbrett für berufliches Wachstum sein. Sie festigen Ihre aktuelle Position und können im Laufe der Zeit Möglichkeiten für fortgeschrittenere und anspruchsvollere Positionen eröffnen.

3.2.7 Bewusste Auswahl von Zertifizierungen

Abstimmung mit Ihren Zielen: Bei der Suche nach Zertifizierungen ist es entscheidend, solche auszuwählen, die direkt mit Ihren beruflichen Zielen übereinstimmen. Zertifizierungen erhöhen Ihre Glaubwürdigkeit, wenn sie mit Ihrer Spezialisierung und Ihren Karrierezielen in Einklang stehen.

Durch die Investition in Zertifizierungen stärken Sie Ihr Wissensfundament und bauen ein attraktiveres berufliches Profil auf. Im nächsten Abschnitt werden wir den Aufbau und die Bedeutung eines soliden Portfolios zur Hervorhebung Ihrer Leistungen und Fähigkeiten behandeln.

Portfoliomanagement

3.3 Zusammenstellung eines Portfolios

Neben Zertifizierungen und formaler Ausbildung ist eines der leistungsstärksten Elemente zur Hervorhebung Ihrer Fähigkeiten und Erfahrungen die Erstellung eines robusten Portfolios. In diesem Abschnitt werden wir die Bedeutung eines gut ausgearbeiteten Portfolios untersuchen und wie dieses wesentliche Werkzeug der Schlüssel sein kann, um Kunden, Arbeitgeber und bedeutende Möglichkeiten zu gewinnen.

3.3.1 Was ist ein Portfolio?

Eine Präsentation Ihrer Errungenschaften: Ein Portfolio ist mehr als eine einfache Sammlung vergangener Arbeiten. Es ist eine dynamische Präsentation, die Ihre Fähigkeiten, Erfahrungen und Erfolge hervorhebt. Es dient als virtuelles Schaufenster, das es Interessenten ermöglicht, Ihre Arbeit zu bewerten und Ihren beruflichen Ansatz zu verstehen.

3.3.2 Bedeutung des Portfolios in der Dienstleistungsbranche

Praktische Demonstration von Fähigkeiten: Während Zertifizierungen und Abschlüsse Ihre theoretischen Fähigkeiten validieren, bietet ein Portfolio eine praktische Demonstration Ihres Wissens. Kunden und Arbeitgeber möchten oft konkrete Beispiele Ihrer Arbeit sehen, bevor sie Entscheidungen treffen.

3.3.3 Wesentliche Elemente des Portfolios

Vielfalt und Qualität: Ein effektives Portfolio sollte eine Vielzahl von Arbeiten enthalten, die Ihre Fähigkeiten umfassend repräsentieren. Stellen Sie sicher, dass Projekte enthalten sind, die verschiedene Aspekte Ihrer Fähigkeiten hervorheben und Ihre Anpassungsfähigkeit zeigen.

3.3.4 Strukturierte Organisation

Intuitive Navigation: Organisieren Sie Ihr Portfolio logisch und intuitiv. Kategorisieren Sie Ihre Arbeiten, geben Sie eine kurze Beschreibung jedes Projekts und heben Sie die Herausforderungen und angewandten Lösungen hervor. Machen Sie es Besuchern leicht, Ihre Arbeit zu finden und zu verstehen.

3.3.5 Detaillierte Fallstudien

Kontext und kreativer Prozess: Fügen Sie einige ausführliche Fallstudien für Schlüsselprojekte hinzu. Dies bietet nicht nur Kontext zur Arbeit, sondern zeigt auch Ihren kreativen Prozess, Entscheidungsfindung und analytische Fähigkeiten.

3.3.6 Feedback und Referenzen

Externe Validierung: Integrieren Sie Feedback und Referenzen von früheren Kunden. Diese Empfehlungen bieten eine externe Validierung Ihrer Arbeit und tragen zum Aufbau von Vertrauen bei zukünftigen Kunden oder Arbeitgebern bei.

3.3.7 Kontinuierliche Aktualisierung

Reflexion des beruflichen Wachstums: Halten Sie Ihr Portfolio auf dem neuesten Stand, während Sie in Ihrer Karriere voranschreiten. Neue Projekte, Zertifizierungen und Erfahrungen sollten hinzugefügt werden, um Ihr kontinuierliches berufliches Wachstum widerzuspiegeln.

3.3.8 Online-Portfolio

Einfacher und globaler Zugang: Ein Online-Portfolio ist im digitalen Zeitalter unerlässlich. Dies ermöglicht potenziellen Kunden oder Arbeitgebern einen einfachen Zugriff auf Ihre Arbeit von überall auf der Welt. Erwägen Sie die Erstellung einer Website oder die Nutzung spezialisierter Plattformen zur Unterbringung Ihres Portfolios.

Durch die Erstellung eines Portfolios, das nicht nur Ihre technischen Fähigkeiten, sondern auch Ihren Ansatz und Ihre praktischen Erfahrungen hervorhebt, schaffen Sie ein leistungsstarkes Werkzeug, um Chancen in der Dienstleistungsbranche zu ergreifen. Im nächsten Kapitel werden wir die komplexe Reise der Gründung Ihres eigenen Unternehmens in der Dienstleistungsbranche erkunden.

Kapitel 4

Gründung Ihres Unternehmens

§ 4.1 Rechtsformen

Bei der Gründung Ihres eigenen Unternehmens im Dienstleistungsbereich ist die Wahl der Rechtsform eine der entscheidendsten Entscheidungen. Jede Rechtsform hat erhebliche Auswirkungen auf die Unternehmensstruktur sowie rechtliche und steuerliche Verantwortlichkeiten. Wir werden einige der gängigen Rechtsformen für Dienstleister untersuchen.

§ 4.1.1 Einzelunternehmer

Autonomie und Einfachheit: Der Einzelunternehmer ist eine Option für diejenigen, die ein Unternehmen auf einfache und direkte Weise gründen möchten. In dieser Rechtsform sind Sie allein für das Unternehmen verantwortlich, was Autonomie bietet, aber auch eine unbegrenzte Haftung für Schulden und Verpflichtungen mit sich bringt.

§ 4.1.2 Kleinunternehmer (KU)

Einfachheit und Zugang zu Vorteilen: Der KU ist eine vereinfachte Option für Einzelunternehmer, die bis zu einer bestimmten jährlichen Umsatzgrenze erwirtschaften. Es bietet Vorteile wie eine vereinfachte Formalisierung, einheitliche

Steuerzahlungen und Zugang zu Sozialleistungen, hat jedoch einige Umsatzbeschränkungen.

§ 4.1.3 Gesellschaft mit beschränkter Haftung (GmbH)

Haftungsbeschränkung: Bei der GmbH ist die Haftung der Gesellschafter auf die Höhe ihrer Anteile beschränkt. Diese Rechtsform ermöglicht die Beteiligung mehrerer Gesellschafter und bietet eine gewisse Flexibilität bei der Geschäftsführung und der Aufteilung der Verantwortlichkeiten.

§ 4.1.4 Ein-Personen-Gesellschaft mit beschränkter Haftung (UG)

Beschränkte Haftung für Einzelunternehmer: Die UG ist eine Option für Einzelunternehmer, die ihre Haftung begrenzen möchten, ohne Partner zu haben. Es wird ein Mindeststammkapital verlangt, und die Haftung des Unternehmers ist auf das Unternehmensvermögen beschränkt.

§ 4.1.5 Aktiengesellschaft (AG)

Offenes und geschlossenes Kapital: Die AG ist eine komplexere Struktur, die in der Regel für größere Unternehmen verwendet wird. Sie kann öffentlich oder privat sein, abhängig von der Möglichkeit der Ausgabe von Aktien an die breite Öffentlichkeit.

§ 4.1.6 Genossenschaft

Kooperation und Beteiligung: Genossenschaften sind Organisationen, in denen die Mitglieder aktiv an der Verwaltung und Entscheidungsfindung beteiligt sind. Sie basieren auf Zusammenarbeit und können eine Option für Dienstleister sein, die Ressourcen und Vorteile teilen möchten.

§ 4.1.7 Bewusste Auswahl und Fachberatung

Die Bedeutung rechtlicher Beratung: Die Wahl der Rechtsform sollte eine bewusste und informierte Entscheidung sein. Es wird dringend empfohlen, rechtlichen Rat einzuholen, um die spezifischen Auswirkungen jeder Option unter Berücksichtigung der Merkmale Ihres Unternehmens, Ihrer Ziele und der geltenden Rechtslage zu verstehen.

§ 4.1.8 Steuer- und Buchhaltungsaspekte

Steuer- und Buchhaltungsplanung: Neben den rechtlichen Implikationen sollten Sie auch die steuerlichen und buchhalterischen Aspekte jeder Rechtsform berücksichtigen. Eine angemessene Planung dieser Aspekte von Anfang an ist entscheidend, um die Compliance zu gewährleisten und die steuerliche Effizienz Ihres Unternehmens zu optimieren.

Durch das Verständnis der verschiedenen verfügbaren Rechtsformen können Sie eine informierte Entscheidung treffen, die Ihren spezifischen Bedürfnissen und Zielen entspricht.

Anmeldung und Lizenzen

§ 4.2 Registrierung und erforderliche Lizenzen

Neben der Auswahl der geeigneten Rechtsform sind die Registrierung und die Erlangung der erforderlichen Lizenzen entscheidende Schritte zur Gründung Ihres Dienstleistungsunternehmens. Diese Prozesse gewährleisten die Rechtmäßigkeit der Operationen, legen die Grundlage für transparente Geschäftsbeziehungen und zeigen Engagement für die Einhaltung regulatorischer Anforderungen. Wir werden diese wesentlichen Elemente erkunden.

§ 4.2.1 Handelsregistereintrag

Geschäftsförmliche Formalisierung: Der Eintrag ins Handelsregister ist ein entscheidender Schritt zur Formalisierung Ihres Unternehmens. Dieser Prozess stellt die rechtliche Existenz des Unternehmens sicher, vergibt eine USt-IdNr. (Umsatzsteuer-Identifikationsnummer) und ermöglicht die Ausstellung von Rechnungen.

§ 4.2.2 Gemeindeanmeldung

Lokale Regulierung: Die Gemeindeanmeldung ist erforderlich, damit das Unternehmen den spezifischen Vorschriften der Gemeinde entspricht. Dies kann die Erlangung einer Betriebserlaubnis und die Einhaltung örtlicher Zonenbestimmungen umfassen.

§ 4.2.3 Branchenlizenzen

Erfüllung spezifischer Anforderungen: In einigen Dienstleistungsbereichen können spezifische Branchenlizenzen erforderlich sein. Dies gilt für regulierte Bereiche wie Gesundheit, Recht, Buchhaltung und andere, in denen Gesetze zusätzliche Zertifizierungen oder Genehmigungen verlangen.

§ 4.2.4 Umweltlizenzen

Beachtung der Nachhaltigkeit: Je nach Art der Dienstleistung können Umweltlizenzen erforderlich sein, um die Einhaltung von Vorschriften im Zusammenhang mit Umweltfragen und Nachhaltigkeit zu gewährleisten.

§ 4.2.5 Marken- und Patentrecht

Schutz des geistigen Eigentums: Wenn Ihre Dienstleistung die Schaffung einzigartiger Produkte, Marken oder Prozesse umfasst, ist die Registrierung von Marken und Patenten unerlässlich, um Ihr geistiges Eigentum zu schützen und mögliche rechtliche Konflikte zu vermeiden.

§ 4.2.6 Unternehmensversicherung

Schutz vor Risiken: Die Beschaffung von Unternehmensversicherungen ist eine kluge Maßnahme, um das Unternehmen vor verschiedenen Risiken wie Haftpflicht, Sachschäden und anderen unvorhergesehenen Ereignissen zu schützen, die im Laufe der Geschäftstätigkeit auftreten können.

§ 4.2.7 Einhaltung von Arbeitsnormen

Transparente Arbeitsbeziehungen: Wenn Mitarbeiter eingestellt werden, ist es entscheidend, Arbeitsnormen einzuhalten, angemessene Aufzeichnungen zu führen, sichere

Arbeitsbedingungen zu bieten und Gesetze zu Löhnen und Leistungen zu beachten.

§ 4.2.8 Beratung durch Fachleute

Juristische und buchhalterische Beratung: Angesichts der Komplexität und Vielfalt der Vorschriften wird dringend empfohlen, sich von Fachleuten wie Anwälten und Buchhaltern beraten zu lassen, um sicherzustellen, dass alle rechtlichen Anforderungen angemessen erfüllt werden.

Durch die Registrierung und Erlangung der erforderlichen Lizenzen legen Sie die Grundlage für ein solides Geschäft, das den geltenden Gesetzen und Vorschriften entspricht.

Finanzplanung

4.3 Anfängliche Finanzplanung

Der Erfolg eines Dienstleistungsunternehmens ist oft untrennbar mit einer soliden finanziellen Führung von Anfang an verbunden. Die anfängliche Finanzplanung ist entscheidend, um unangenehme Überraschungen zu vermeiden, die Nachhaltigkeit des Unternehmens zu gewährleisten und eine solide Grundlage für das Wachstum zu schaffen. In diesem Abschnitt werden die wichtigsten Aspekte der anfänglichen Finanzplanung erkundet.

4.3.1 Budgeterstellung

Schätzungen und Prognosen: Beginnen Sie die Finanzplanung mit der Erstellung eines detaillierten Budgets. Schätzen Sie monatliche Einnahmen und Ausgaben ab, unter Berücksichtigung aller Betriebskosten, Gehälter, Marketing- und anderer mit dem Geschäft verbundener Ausgaben.

4.3.2 Anfangskapital und Investition

Bedarfsbewertung: Ermitteln Sie die Menge des benötigten anfänglichen Kapitals, um den Betrieb zu starten. Berücksichtigen Sie Investitionen in Ausrüstung, Marketing, Schulungen und andere anfängliche Ausgaben. Eine angemessene Investition ist entscheidend, um das Unternehmen in den ersten Phasen zu unterstützen.

4.3.3 Notfallreserve

Vorbereitung auf Notfälle: Legen Sie eine Notfallreserve an, um unvorhergesehene Ereignisse zu bewältigen. Diese Reserve bietet ein finanzielles Sicherheitsnetz, das es dem Unternehmen ermöglicht, vorübergehende Herausforderungen zu meistern, ohne den Betrieb zu gefährden.

4.3.4 Kostenkontrolle

Betriebliche Effizienz: Überwachen Sie die Betriebskosten sorgfältig. Prüfen Sie die Machbarkeit von Kostenkürzungen bei nicht wesentlichen Ausgaben und suchen Sie nach

Möglichkeiten zur Optimierung von Prozessen, um die betriebliche Effizienz zu gewährleisten.

4.3.5 Angemessene Preisgestaltung

Balance zwischen Wert und Wettbewerbsfähigkeit: Legen Sie Preise fest, die nicht nur die Kosten decken, sondern auch Gewinn bringen. Berücksichtigen Sie eine wettbewerbsfähige Preisgestaltung, stellen Sie jedoch sicher, dass die Preise mit dem von den Kunden wahrgenommenen Wert übereinstimmen.

4.3.6 Cashflow

Effizientes Management: Verfolgen Sie den Cashflow genau. Ein gutes Cashflow-Management ist entscheidend, um sicherzustellen, dass das Unternehmen über die erforderlichen Mittel verfügt, um täglich zu operieren und seine finanziellen Verpflichtungen zu erfüllen.

4.3.7 Zahlungsstrategien

Klare Zahlungsbedingungen für Kunden und Lieferanten: Legen Sie klare Zahlungsbedingungen für Kunden und Lieferanten fest. Dies umfasst Rechnungsstellungsrichtlinien, Zahlungsfristen und Strategien zur Bewältigung von Zahlungsausfällen, um eine ausgewogene finanzielle Gesundheit zu gewährleisten.

4.3.8 Steuerplanung

Verantwortliche Steueroptimierung: Konsultieren Sie einen Steuerberater, um einen effektiven Steuerplan zu entwickeln. Die Steuerplanung kann dazu beitragen, die Steuerlast des Unternehmens zu optimieren, die Einhaltung sicherzustellen und verfügbare Steuervorteile zu maximieren.

4.3.9 Regelmäßige Überprüfung

Anpassung an Veränderungen: Die Finanzplanung ist kein statischer Prozess. Führen Sie regelmäßige Überprüfungen durch, um die finanzielle Leistung zu bewerten, Prognosen und Strategien bei Bedarf anzupassen und sicherzustellen, dass das Unternehmen den Veränderungen in der Umgebung standhält.

Durch die Priorisierung der anfänglichen Finanzplanung legen Sie die Grundlage für ein solides und nachhaltiges Dienstleistungsunternehmen. Im nächsten Kapitel werden Marketing- und Werbestrategien erkundet, die entscheidend sind, um Kunden anzuziehen und die Sichtbarkeit Ihres Unternehmens zu erhöhen.

Kapitel 5

Persönliches Marketing

5.1 Aufbau der Ersten Persönlichen Marke

Der Aufbau einer persönlichen Marke ist ein entscheidender Baustein für den Erfolg im Dienstleistungsbereich. Ihre persönliche Marke ist nicht nur eine Darstellung dessen, was Sie tun, sondern auch ein authentischer Ausdruck dessen, wer Sie als Fachkraft sind. In diesem ersten Abschnitt werden Strategien zur Entwicklung einer soliden und authentischen ersten persönlichen Marke erkundet.

5.1.1 Selbstkenntnis und Berufliche Identität

Reflexion über Fähigkeiten und Werte: Bevor Sie mit dem Aufbau Ihrer persönlichen Marke beginnen, ist es entscheidend, eine gründliche Reflexion über Ihre Fähigkeiten, Werte und beruflichen Ziele durchzuführen. Identifizieren Sie, was Sie einzigartig macht, und welche Aspekte Ihrer Persönlichkeit hervorgehoben werden können, um eine authentische Verbindung zu Ihrer Zielgruppe herzustellen.

5.1.2 Festlegung von Zielen

Klare und Messbare Ziele: Setzen Sie klare Ziele für Ihre persönliche Marke. Diese Ziele können die Gewinnung bestimmter Kunden, den Eintritt in einen bestimmten Markt oder die Anerkennung als

Experte in Ihrem Bereich umfassen. Klare Ziele werden Ihre Markenaufbaustrategien lenken.

5.1.3 Visuelle Identität

Konsistenz und Professionalität: Die visuelle Identität ist ein wesentlicher Bestandteil des Markenaufbaus. Entwickeln Sie ein Logo und verwenden Sie konsistente Farben und Schriften in Ihren Marketingmaterialien, Lebenslauf und Online-Präsenz. Eine kohärente visuelle Identität vermittelt Professionalität und hilft bei der Markenerinnerung.

5.1.4 Online-Präsenz

Website und Soziale Medien: Erstellen Sie eine professionelle Website, die als zentraler Hub Ihrer Online-Präsenz dient. Seien Sie zudem aktiv in relevanten sozialen Medien für Ihre Branche. Teilen Sie wertvolle Inhalte, vernetzen Sie sich mit anderen Fachleuten und nehmen Sie an Diskussionen teil, um Ihre Sichtbarkeit zu erhöhen.

5.1.5 Qualitätsinhalte

Demonstration von Wissen: Produzieren und teilen Sie relevante und wertvolle Inhalte. Dies kann Blogs, Artikel, Videos oder Podcasts umfassen, die Ihr Wissen auf dem Gebiet zeigen. Qualitätsinhalte helfen dabei, Autorität aufzubauen und die Aufmerksamkeit potenzieller Kunden und Partner zu erregen.

5.1.6 Testimonials und Empfehlungen

Soziale Validierung: Fordern Sie Testimonials und Empfehlungen von zufriedenen Kunden an und zeigen Sie sie. Diese soziale Validierung ist entscheidend, um das Vertrauen zukünftiger Kunden aufzubauen und Ihre Fähigkeiten und die Qualität Ihrer Arbeit hervorzuheben.

5.1.7 Networking

Professionelle Beziehungen: Nehmen Sie an Branchenveranstaltungen, Konferenzen und Networking-Veranstaltungen teil. Knüpfen Sie echte Verbindungen zu anderen Fachleuten, potenziellen Kunden und Branchenführern. Networking ist ein mächtiges Werkzeug beim Aufbau Ihrer persönlichen Marke.

5.1.8 Kontinuierliche Entwicklung

Ständige berufliche Weiterentwicklung: Zeigen Sie Ihr Engagement für kontinuierliche Verbesserung. Bleiben Sie immer auf dem neuesten Stand der Branchentrends, nehmen Sie an relevanten Kursen und Workshops teil und teilen Sie Ihre beruflichen Erfolge auf Ihrer Plattform.

Indem Sie Ihre erste persönliche Marke authentisch und strategisch aufbauen, legen Sie eine solide Grundlage, um die Aufmerksamkeit und das Vertrauen Ihrer Zielgruppe zu gewinnen. Im nächsten Abschnitt werden spezifischere Marketingstrategien erkundet, um Ihre Dienstleistungen effektiv zu bewerben.

Marketingstrategien

5.2 Effektive Marketingstrategien

Neben dem Aufbau Ihrer persönlichen Marke ist es entscheidend, effektive Marketingstrategien zu implementieren, um Ihre Dienstleistungen zu bewerben und Ihre Zielgruppe zu erreichen. In diesem Abschnitt werden einige praktische Strategien erkundet, um die Sichtbarkeit Ihres Dienstleistungsgeschäfts zu erhöhen.

5.2.1 Content-Marketing

Regelmäßige und relevante Produktion: Content-Marketing bleibt eine der mächtigsten Strategien. Produzieren Sie regelmäßig relevante Inhalte für Ihr Publikum, wie Blogs, Videos, Infografiken oder Webinare. Dies zeigt nicht nur Ihr Wissen, sondern zieht auch die Aufmerksamkeit Ihres Publikums an und bindet sie.

5.2.2 Suchmaschinenoptimierung (SEO)

Online-Sichtbarkeit: Optimieren Sie Ihre Website und Ihren Inhalt für Suchmaschinen. Verwenden Sie relevante Keywords für Ihr Tätigkeitsfeld und entwickeln Sie eine solide SEO-Strategie, um Ihre Online-Sichtbarkeit zu erhöhen und potenziellen Kunden die Suche zu erleichtern.

5.2.3 Social-Media-Marketing

Engagement und Teilen: Nutzen Sie Social-Media-Plattformen strategisch. Nehmen Sie an relevanten Gesprächen teil, teilen Sie Ihren Inhalt, interagieren Sie mit Ihrem Publikum und nutzen Sie gezielte Anzeigen. Social-Media-Marketing ist ein mächtiges Werkzeug, um Beziehungen aufzubauen und die Reichweite zu erhöhen.

5.2.4 E-Mail-Marketing

Direkte und personalisierte Kommunikation: Bauen Sie eine E-Mail-Liste auf und implementieren Sie E-Mail-Marketing-Strategien. Senden Sie Newsletter, Service-Updates und exklusive Inhalte direkt in die Posteingänge Ihres Publikums. E-Mail-Marketing ermöglicht eine direktere und personalisierte Kommunikation.

5.2.5 Strategische Partnerschaften

Vorteilhafte Zusammenarbeit: Schließen Sie strategische Partnerschaften mit anderen Fachleuten oder verwandten Unternehmen. Dies kann die gemeinsame Organisation von Veranstaltungen, Content-Sharing oder Empfehlungsprogramme umfassen. Partnerschaften können Ihre Reichweite erweitern und neue Geschäftsmöglichkeiten anziehen.

5.2.6 Veranstaltungen und Webinare

Präsenz und Bildung: Nehmen Sie an Branchenveranstaltungen, Konferenzen teil oder führen Sie Webinare durch. Diese Aktivitäten erhöhen nicht nur Ihre Präsenz auf dem Markt, sondern bieten auch Möglichkeiten, Ihr Publikum über Ihre Dienstleistungen und Fähigkeiten zu informieren.

5.2.7 Promotionen und strategische Rabatte

Attraktiv für neue Kunden: Überlegen Sie sich Promotionen oder strategische Rabatte, um neue

Kunden anzuziehen. Dies kann insbesondere zu Beginn Ihres Unternehmens wirksam sein, um Experimente zu fördern und die Loyalität aufzubauen.

5.2.8 Überwachung und Analyse von Ergebnissen

Ständige Anpassung: Implementieren Sie Analysetools, um die Leistung Ihrer Marketingstrategien zu überwachen. Seien Sie bereit, Ihre Ansätze basierend auf Daten und Metriken anzupassen und optimieren Sie kontinuierlich Ihre Kampagnen.

Durch die Integration dieser effektiven Marketingstrategien schaffen Sie ein Umfeld, das das Wachstum Ihres Dienstleistungsgeschäfts fördert.

Nutzung von sozialen Medien

5.3 Nutzung von sozialen Medien

Soziale Medien spielen eine entscheidende Rolle beim persönlichen Marketing und der effektiven Förderung der erbrachten Dienstleistungen. In diesem Abschnitt werden spezifische Strategien zur effizienten Nutzung von sozialen Medien erkundet, um die Reichweite und Interaktion mit Ihrer Zielgruppe zu maximieren.

5.3.1 Strategische Auswahl von Plattformen

Identifikation der Zielgruppe: Wählen Sie die sozialen Medienplattformen basierend auf Ihrer Zielgruppe aus. Verstehen Sie, wo Ihre Zielgruppe am aktivsten ist, und passen Sie Ihre Strategien für diese Plattformen an. Zum Beispiel kann LinkedIn für professionelle Dienstleistungen effektiver sein, während Instagram ideal für visuellen Inhalt sein kann.

5.3.2 Erstellung eines professionellen Profils

Kohärente und professionelle Präsentation: Optimieren Sie Ihre Profile in sozialen Medien, um ein professionelles Bild widerzuspiegeln. Dies umfasst die Verwendung eines professionellen Profilbilds, einer prägnanten Biografie und relevanter Informationen über Ihre Dienstleistungen. Stellen Sie visuelle und inhaltliche Konsistenz auf allen Plattformen sicher.

5.3.3 Relevanten und ansprechenden Inhalt

Wert teilen: Produzieren und teilen Sie für Ihre Zielgruppe relevanten Inhalt. Dies kann Tipps, Brancheneinblicke, Erfolgsgeschichten oder sogar Einblicke in Ihre Arbeit umfassen. Ansprechender Inhalt schafft tiefere Verbindungen und zeigt Ihre Erfahrung auf dem Gebiet.

5.3.4 Häufigkeit und Konsistenz

Aufrechterhaltung der Online-Präsenz: Pflegen Sie eine konsistente Online-Präsenz. Veröffentlichen Sie regelmäßig, interagieren Sie mit Kommentaren und Nachrichten und bleiben

Sie über die neuesten Trends und relevanten Nachrichten in Ihrer Branche auf dem Laufenden. Konsistenz hilft dabei, das Interesse Ihrer Zielgruppe aufrechtzuerhalten.

5.3.5 Nutzung von visuellen Medien

Visuelle Anziehungskraft: Nutzen Sie visuelle Medien wie Bilder und Videos, um die Attraktivität Ihrer Beiträge zu steigern. Visuelles Material wird wahrscheinlich eher geteilt und von den Benutzern behalten, was die Reichweite Ihrer Nachrichten erhöht.

5.3.6 Teilnahme an Gruppen und Communities

Engagement über das persönliche Profil hinaus: Nehmen Sie aktiv an relevanten Gruppen und Communities teil. Neben der Förderung Ihrer Dienstleistungen in Ihrem persönlichen Profil bietet die Teilnahme an Gruppen die Möglichkeit, Beziehungen aufzubauen, Wissen zu teilen und Ihr Netzwerk zu erweitern.

5.3.7 Gezielte Anzeigen

Spezifische Ausrichtung: Erwägen Sie die Nutzung gezielter Anzeigen, um die Reichweite Ihrer Nachrichten zu vergrößern. Soziale Medienplattformen bieten leistungsstarke Targeting-Tools, mit denen Sie ein spezifisches Publikum präziser erreichen können.

5.3.8 Analyse von Metriken und Feedback

Kontinuierliche Verbesserung: Analysieren Sie regelmäßig die Leistungsmetriken in sozialen Medien. Verstehen Sie, was funktioniert, welche

Art von Inhalten die meisten Interaktionen generiert, und passen Sie Ihre Strategien basierend auf Feedback und Analysen an.

Durch die strategische Nutzung von sozialen Medien können Sie eine robuste Online-Präsenz aufbauen, bedeutungsvolle Beziehungen aufbauen und Ihre Dienstleistungen effektiv fördern. Im nächsten Kapitel werden wichtige Kundenbetreuungspraktiken erkundet, um die Zufriedenheit und Bindung der Kunden sicherzustellen.

Kapitel 6

Kundenmanagement

6.1 Aufbau einer professionellen Beziehung

Die Grundlage eines erfolgreichen Dienstleistungsgeschäfts liegt in der Fähigkeit, solide und professionelle Beziehungen zu Kunden aufzubauen und zu pflegen. In diesem ersten Thema werden Strategien zur Etablierung einer professionellen Beziehung von Anfang an erkundet, um das Vertrauen und die Zufriedenheit des Kunden zu fördern.

6.1.1 Tiefe Kenntnis der Kundenbedürfnisse

Gründliche Interviews und Diagnosen: Bevor Sie mit einem Projekt beginnen, führen Sie ausführliche Interviews und Diagnosen durch, um die spezifischen Bedürfnisse des Kunden zu verstehen. Ein echtes Interesse daran, die Ziele und Herausforderungen des Kunden zu verstehen, legt eine solide Basis für die Zusammenarbeit.

6.1.2 Transparenz über Prozesse und Erwartungen

Klare Kommunikation von Anfang an: Legen Sie von Anfang an eine klare Kommunikation über Prozesse, Fristen und Erwartungen fest. Dies vermeidet zukünftige Missverständnisse und gibt dem Kunden einen transparenten Einblick in das, was ihn bei der Zusammenarbeit mit Ihnen erwartet.

6.1.3 Detaillierte Verträge und schriftliche Vereinbarungen

Formale Dokumentation: Erstellen Sie detaillierte Verträge, die alle Aspekte des zu erbringenden Dienstes abdecken. Dazu gehören der Projektumfang, Fristen, Gebühren, Zahlungsbedingungen und alle anderen relevanten Informationen. Schriftliche Vereinbarungen helfen, Konflikte zu vermeiden und bieten beiden Parteien Sicherheit.

6.1.4 Festlegung von Zielen und Leistungsindikatoren

Festlegung messbarer Meilensteine: Definieren Sie zusammen mit dem Kunden klare Ziele und Leistungsindikatoren, die während des Projekts gemessen werden können. Dies richtet nicht nur die Erwartungen aus, sondern bietet auch eine Struktur zur Bewertung des Erfolgs und zur Anpassung bei Bedarf.

6.1.5 Proaktive Kommunikation

Regelmäßige Updates und Feedback: Halten Sie eine proaktive Kommunikation mit dem Kunden aufrecht. Geben Sie regelmäßige Updates zum Projektfortschritt, besprechen Sie etwaige Herausforderungen und seien Sie offen für das Feedback des Kunden. Die kontinuierliche Kommunikation baut Vertrauen auf und beruhigt den Kunden über den Fortschritt der Arbeit.

6.1.6 Anpassung des Service

Verständnis für individuelle Vorlieben: Passen Sie Ihren Service an die individuellen Vorlieben jedes Kunden an. Einige Kunden bevorzugen häufigere Kommunikation, während andere konsolidierte Updates schätzen. Lernen Sie die Vorlieben kennen, um einen persönlicheren Service anzubieten.

6.1.7 Proaktive Problembehebung

Vorausschauende Lösungen und schnelle Reaktion: Antizipieren Sie potenzielle Probleme und seien Sie bereit, Herausforderungen schnell zu lösen. Eine proaktive Herangehensweise bei der Problemlösung zeigt Engagement und stärkt das Vertrauen des Kunden in Ihre Fähigkeit, mit schwierigen Situationen umzugehen.

6.1.8 Nachservice und Feedback nach Projektabschluss

Bewertung und kontinuierliche Verbesserung: Fordern Sie nach Abschluss des Dienstes Feedback vom Kunden an. Analysieren Sie die positiven Aspekte und Verbesserungsbereiche. Seien Sie außerdem offen für Diskussionen über zukünftige Projekte und die Weiterentwicklung der Partnerschaft.

Durch den Aufbau einer soliden professionellen Beziehung von Anfang an legen Sie den Grundstein für eine erfolgreiche Zusammenarbeit und langfristige Kundenzufriedenheit.

Kommunikation
6.2 Effektive Kommunikation

Kommunikation ist das Rückgrat eines erfolgreichen Kundenmanagements. In diesem Thema werden Strategien zur Gewährleistung einer effektiven Kommunikation während des gesamten Dienstleistungszyklus erkundet, um gegenseitiges Verständnis zu fördern und die Kundenbeziehung zu stärken.

6.2.1 Aktives Zuhören

Tiefes Verständnis für Kundenbedürfnisse: Praktizieren Sie aktives Zuhören in allen Interaktionen mit dem Kunden. Seien Sie vollständig präsent, stellen Sie klärende Fragen und zeigen Sie echtes Interesse an den Anliegen und Erwartungen des Kunden. Aktives Zuhören legt eine solide Basis für effektive Kommunikation.

6.2.2 Klare und prägnante Kommunikation

Vermeidung von Unklarheiten und Missverständnissen: Priorisieren Sie Klarheit und Prägnanz in allen Kommunikationen. Vermeiden Sie komplexe Fachbegriffe und geben Sie Informationen direkt weiter. Dies verringert die Wahrscheinlichkeit von Missverständnissen und stellt sicher, dass alle Parteien auf derselben Seite stehen.

6.2.3 Nutzung verschiedener Kommunikationskanäle

Anpassung an die bevorzugten Kommunikationsstile des Kunden: Erkennen Sie an, dass jeder Kunde unterschiedliche Kommunikationspräferenzen haben kann. Einige bevorzugen ausführliche E-Mails, während andere möglicherweise einen Telefonanruf oder ein persönliches Treffen bevorzugen. Passen Sie sich den bevorzugten Stilen des Kunden an, um die Kommunikation zu optimieren.

6.2.4 Zeitplan für regelmäßige Meetings

Aufrechterhaltung offener Kommunikationswege: Legen Sie einen Zeitplan für regelmäßige Meetings mit dem Kunden fest. Dies bietet ein dediziertes Forum für Diskussionen, Updates und Problemlösungen. Regelmäßige Meetings halten die Kommunikationswege offen und zeigen Engagement für den Projekterfolg.

6.2.5 Transparente Statusaktualisierungen

Transparenz über den Projektfortschritt: Geben Sie transparente Statusaktualisierungen zum Projektfortschritt weiter. Dies informiert den Kunden nicht nur über Fortschritte, sondern ermöglicht auch proaktive Anpassungen, falls Herausforderungen oder Änderungen im Umfang auftreten.

6.2.6 Schnelle Reaktion auf Kundenkommunikation

Reaktionsgeschwindigkeit: Zeigen Sie Agilität bei der Beantwortung von Kundenkommunikation. Schnelle Antworten vermitteln Professionalität und zeigen, dass der Kunde eine Priorität ist. Auch wenn Sie keine endgültige Antwort haben, informieren Sie den Kunden darüber, dass Sie an der Angelegenheit arbeiten.

6.2.7 Klare Leistungsberichte

Transparenz über Ergebnisse: Präsentieren Sie klare und verständliche Leistungsberichte. Heben Sie erreichte Meilensteine, Schlüsselmetriken und Verbesserungsbereiche hervor. Leistungsberichte bieten einen objektiven Einblick in den vom Kunden erhaltenen Wert.

6.2.8 Respekt vor Feedback-Kanälen

Anerkennung von Meinungen und Vorschlägen: Ermutigen Sie aktiv das Feedback des Kunden und zeigen Sie Respekt für seine Meinungen und Vorschläge. Nutzen Sie das Feedback, um Ihre Praktiken anzupassen und die Qualität des angebotenen Dienstes kontinuierlich zu verbessern.

Durch die Anwendung von Strategien für effektive Kommunikation fördern Sie gegenseitiges Verständnis und stärken gleichzeitig das Vertrauen und die Zufriedenheit des Kunden. Im nächsten Thema werden Strategien zur Bewältigung herausfordernder Situationen und zur konstruktiven Konfliktlösung im Kundenmanagement erkundet.

Konfliktlösung

6.3 Konfliktlösung

Die Kundenverwaltung kann Herausforderungen und Konflikte mit sich bringen, die einen sorgfältigen Ansatz erfordern, um die Beziehung zu erhalten und konstruktive Lösungen zu finden. In diesem Thema werden effektive Strategien zur proaktiven Bewältigung von Konflikten erkundet, um deren Lösung zu fördern und die Partnerschaft zu stärken.

6.3.1 Proaktiver Ansatz

Früherkennung von Konfliktsignalen: Entwickeln Sie die Fähigkeit, frühzeitig Konfliktsignale zu erkennen. Achten Sie auf Veränderungen im Kommunikationston, unerwartete Verzögerungen oder jedes Anzeichen von Unzufriedenheit seitens des Kunden. Probleme anzugehen, bevor sie zu Krisen werden, ist entscheidend.

6.3.2 Empathisches Zuhören

Tiefes Verständnis für Anliegen: Wenn ein Konflikt auftritt, praktizieren Sie empathisches Zuhören. Erlauben Sie dem Kunden, seine Anliegen und Gefühle zu teilen, und zeigen Sie Verständnis und Empathie. Dies schafft eine Umgebung für konstruktive Lösungen.

6.3.3 Transparente Kommunikation

Klarheit bei der Darlegung von Standpunkten: Kommunizieren Sie klar und transparent Ihren Standpunkt und Ihre Absichten. Offene Kommunikation hilft, Missverständnisse zu beseitigen und eine Grundlage für die Konfliktlösung zu schaffen.

6.3.4 Identifizierung gemeinsamer Interessen

Fokus auf Lösungen, die beiden Parteien zugutekommen: Bei der Erkundung von Lösungen identifizieren Sie gemeinsame Interessen. Suchen Sie nach Alternativen, die beiden Parteien zugutekommen, und zeigen Sie einen kooperativen Ansatz bei der Konfliktlösung.

6.3.5 Entwicklung kreativer Lösungen

Denken jenseits der Konvention: Seien Sie offen für kreative Lösungen, die den Konflikt innovativ lösen können. Manchmal kann ein unkonventioneller Ansatz zu Ergebnissen führen, die beiden Parteien zugutekommen.

6.3.6 Externe Mediation

Einbeziehung unparteiischer Dritter: Wenn der Konflikt fortbesteht, erwägen Sie die Einbeziehung eines externen Mediators. Dies kann ein Fachmann für Konfliktlösung sein, der unparteiisch handelt und die Kommunikation und die Suche nach fairen Lösungen erleichtert.

6.3.7 Engagement für kontinuierliche Verbesserung

Lernen aus Konflikten: Betrachten Sie Konflikte als Lernmöglichkeiten. Bewerten Sie jede Konfliktsituation, um Bereiche zur Verbesserung des Prozesses, der Kommunikation oder der internen Verfahren zu identifizieren.

6.3.8 Angemessene Dokumentation

Dokumentation von Vereinbarungen und Lösungen: Nach der Konfliktlösung dokumentieren Sie die erreichten Vereinbarungen angemessen. Dies bietet beiden Parteien eine klare Referenz und hilft, zukünftige Missverständnisse zu vermeiden.

6.3.9 Bewertung nach dem Konflikt

Überprüfung der Effektivität der Lösungen: Führen Sie nach Konflikten Bewertungen durch, um sicherzustellen, dass die implementierten Lösungen wirksam sind. Machen Sie bei Bedarf Anpassungen, um die Prozesse kontinuierlich zu verbessern und Wiederholungen zu verhindern.

Durch die Anwendung effektiver Konfliktlösungsstrategien verwandeln Sie potenzielle Herausforderungen in Chancen zur Stärkung der Kundenbeziehung. Im nächsten Kapitel werden Strategien zur kontinuierlichen Verbesserung Ihrer Dienstleistungen erkundet, um Exzellenz in der Kundenbetreuung sicherzustellen.

Kapitel 7

Servicebereitstellung

7.1 Best Practices

Effektive Servicebereitstellung beschränkt sich nicht nur auf die Lieferung des Endprodukts, sondern auch auf das gesamte Kundenerlebnis. In diesem ersten Thema werden wesentliche Best Practices erkundet, die zu einer außergewöhnlichen Servicebereitstellung beitragen und die Kundenzufriedenheit sowie den Ruf Ihres Unternehmens stärken.

7.1.1 Tiefes Verständnis der Bedürfnisse

Detaillierte Diagnose: Nehmen Sie sich Zeit, um vor Beginn eines Projekts oder einer Dienstleistung die Bedürfnisse und Erwartungen des Kunden gründlich zu verstehen. Führen Sie detaillierte Interviews, stellen Sie klärende Fragen und stellen Sie sicher, dass alle Parteien ein klares Verständnis des Arbeitsumfangs haben.

7.1.2 Transparente Kommunikation

Regelmäßige Updates und Klärungen: Pflegen Sie während des gesamten Projekts eine transparente Kommunikation. Geben Sie regelmäßige Updates zum Fortschritt, klären Sie Fragen umgehend und seien Sie für Diskussionen offen. Transparenz baut Vertrauen auf und beruhigt den Kunden bezüglich des Fortschritts des Dienstes.

7.1.3 Einhalten von Fristen

Effektives Zeitmanagement: Die Einhaltung von Fristen ist entscheidend für die Kundenzufriedenheit. Übernehmen Sie effektive Zeitmanagementpraktiken, legen Sie realistische Fristen fest und kommunizieren Sie bei Bedarf proaktiv etwaige Verzögerungen, indem Sie Erklärungen und Lösungen bereitstellen.

7.1.4 Servicepersonalisierung

Anpassung an individuelle Vorlieben: Erkennen Sie an, dass jeder Kunde einzigartig ist. Passen Sie den Service entsprechend den individuellen Vorlieben an, indem Sie die Kommunikationsstile, Erwartungen und spezifischen Bedürfnisse jedes Kunden berücksichtigen. Die Personalisierung zeigt ein echtes Engagement für die Kundenzufriedenheit.

7.1.5 Proaktive Problemlösung

Antizipation und schnelle Lösungen: Antizipieren Sie potenzielle Probleme und seien Sie darauf vorbereitet, sie schnell zu lösen. Ein proaktiver Ansatz bei der Problemlösung zeigt Engagement und stärkt das Vertrauen des Kunden in Ihre Fähigkeit, Herausforderungen zu bewältigen.

7.1.6 Konsistente Qualität

Hohe Standards in allen Phasen: Halten Sie hohe Qualitätsstandards in allen Phasen des Dienstes ein. Vom Planungsprozess bis zur endgültigen Lieferung stellen Sie sicher, dass jeder Aspekt des Dienstes die Erwartungen des Kunden erfüllt oder übertrifft. Konsistente Qualität baut einen soliden Ruf auf.

7.1.7 Außergewöhnlicher Kundenservice

Höflichkeit und Professionalität: Bieten Sie bei allen Interaktionen einen außergewöhnlichen Kundenservice. Seien Sie höflich, professionell und bereit, Fragen oder Bedenken effektiv zu behandeln. Der Kundenservice ist eine Erweiterung Ihres Dienstes und kann das Kundenerlebnis erheblich beeinflussen.

7.1.8 Kontinuierliches Feedback

Feedbackanfrage und Anwendung: Fordern Sie regelmäßig Feedback von Kunden an und nutzen Sie diese Informationen, um Ihre Dienstleistungen kontinuierlich zu verbessern. Die Offenheit für Feedback zeigt ein Engagement für kontinuierliche Verbesserung und ermöglicht Anpassungen entsprechend den Kundenbedürfnissen.

7.1.9 Mehrwert

Über die Erwartungen hinaus: Suchen Sie nach Möglichkeiten, um dem Service Mehrwert zu verleihen. Dies kann zusätzliche Informationen, ergänzende Ressourcen oder innovative Lösungen umfassen, die die Erwartungen des Kunden übertreffen. Der Mehrwert stärkt die positive Wahrnehmung des Kunden über den erhaltenen Service.

Durch die Integration dieser Best Practices in die Servicebereitstellung erfüllen Sie die Bedürfnisse des Kunden und bauen gleichzeitig langfristige Beziehungen auf und etablieren einen positiven Ruf auf dem Markt.

Projektmanagement

7.2 Projektmanagement

Projektmanagement ist ein entscheidendes Element für die effektive Servicebereitstellung. In diesem Abschnitt werden Strategien und bewährte Praktiken erkundet, um ein effizientes Projektmanagement sicherzustellen, angefangen bei der Planung bis hin zur Lieferung, und somit zum Erfolg des erbrachten Dienstes beizutragen.

7.2.1 Detaillierte Planung

Klare Projektstrukturierung: Nehmen Sie sich vor Projektbeginn Zeit für eine detaillierte Planung. Definieren Sie klar die Ziele, den Umfang, die benötigten Ressourcen, die Zeitpläne und die Projektphasen. Eine strukturierte Planung dient als Grundlage für eine effiziente Durchführung.

7.2.2 Kompetentes und motiviertes Team

Sorgfältige Auswahl der Mitarbeiter: Stellen Sie ein kompetentes und motiviertes Team für das Projekt zusammen. Bewertung der erforderlichen Fähigkeiten und Zuweisung von Aufgaben entsprechend den individuellen Kompetenzen. Halten Sie das Team über die Ziele und den

Projektimpact informiert, um die Motivation aufrechtzuerhalten.

7.2.3 Klare Definition von Verantwortlichkeiten

Präzise Zuweisungen: Jedes Teammitglied sollte klar definierte Verantwortlichkeiten haben und seine Rolle im Projekt verstehen. Die Klarheit bei den Aufgaben vermeidet Missverständnisse, verbessert die Effizienz und ermöglicht eine genauere Überwachung des Fortschritts.

7.2.4 Effektive Kommunikation

Klare Kanäle und angemessene Häufigkeit: Richten Sie effektive Kommunikationskanäle ein und bestimmen Sie die Häufigkeit von Updates. Eine klare Kommunikation innerhalb des Teams und mit dem Kunden ist entscheidend, um alle über den Projektstatus und etwaige Änderungen auf dem Laufenden zu halten.

7.2.5 Kontinuierliches Überwachen des Fortschritts

Regelmäßige Bewertung von Meilensteinen: Überwachen Sie kontinuierlich den Projektfortschritt im Vergleich zu den festgelegten Meilensteinen. Passen Sie den Plan bei Abweichungen entsprechend an. Regelmäßiges Monitoring hilft dabei, mögliche Probleme frühzeitig zu erkennen und das Projekt auf Kurs zu halten.

7.2.6 Anpassung an Änderungen

Flexibilität und Widerstandsfähigkeit: Seien Sie bereit, sich an Änderungen im Umfang, den

Zeitplänen oder den Anforderungen des Projekts anzupassen. Flexibilität und Widerstandsfähigkeit sind entscheidend, um sich an sich entwickelnde Anforderungen anzupassen und die Lieferung innerhalb der Erwartungen zu gewährleisten.

7.2.7 Risikomanagement

Früherkennung und Risikominderung: Identifizieren Sie potenzielle Projektrisiken proaktiv und entwickeln Sie entsprechende Maßnahmen zur Risikominderung. Das Risikomanagement hilft dabei, Herausforderungen frühzeitig zu erkennen und präventive Maßnahmen zu ergreifen, um negative Auswirkungen zu vermeiden.

7.2.8 Nachprojektbewertung

Analyse der Lernerfahrungen: Führen Sie nach Abschluss des Projekts eine Nachprojektbewertung durch. Identifizieren Sie, was gut funktioniert hat, Bereiche zur Verbesserung und Lernerfahrungen. Nutzen Sie diese Informationen, um Ihre Prozesse und Herangehensweisen in zukünftigen Projekten zu verbessern.

7.2.9 Ergebnislieferung und -bewertung

Effektiver Abschluss und Ergebnisbewertung: Stellen Sie sicher, dass die Ergebnisse des Projekts wie vereinbart geliefert werden. Bewerten Sie außerdem die Zufriedenheit des Kunden mit dem erbrachten Service. Die Bewertung nach der Lieferung ist wertvoll, um das Kundenfeedback zu verstehen und Verbesserungsmöglichkeiten zu identifizieren.

Durch die Implementierung effektiver Projektmanagementpraktiken gewährleisten Sie eine erfolgreiche Servicebereitstellung, die die Erwartungen des Kunden erfüllt und einen hohen Qualitätsstandard beibehält. Im nächsten Abschnitt werden Strategien zur Kundenbindung und Förderung von wiederkehrenden Kunden in Ihrem Unternehmen erkundet.

Qualität im Kundenservice

7.3 Qualität im Kundenservice

Die Qualität im Kundenservice spielt eine entscheidende Rolle bei der Entwicklung stabiler Kundenbeziehungen. In diesem Abschnitt werden Strategien und bewährte Praktiken erkundet, um eine hohe Servicequalität zu gewährleisten, die die Kundenzufriedenheit fördert und den Ruf Ihres Unternehmens stärkt.

7.3.1 Empathie und Verständnis

Sich in die Lage des Kunden versetzen: Empathie zu zeigen, ist entscheidend für einen qualitativ hochwertigen Service. Setzen Sie sich in die Lage des Kunden, verstehen Sie seine Bedürfnisse und Anliegen und zeigen Sie ein echtes Interesse daran, seine Probleme zu lösen.

7.3.2 Schnelligkeit und Effizienz

Schnelle Antworten und effiziente Lösungen: Priorisieren Sie schnelle Antworten und effiziente Problembehebung. Kunden schätzen die Geschwindigkeit des Service und die effektive Lösung von Problemen trägt zu einer positiven Erfahrung bei.

7.3.3 Klare und respektvolle Kommunikation

Transparente Darstellung von Ideen: Pflegen Sie in allen Interaktionen eine klare und respektvolle Kommunikation. Vermeiden Sie komplizierte Fachbegriffe, erklären Sie Informationen verständlich und behandeln Sie den Kunden höflich. Transparente Kommunikation baut Vertrauen auf.

7.3.4 Personalisierung des Service

Anpassung an individuelle Vorlieben: Erkennen Sie die individuellen Vorlieben jedes Kunden an. Einige bevorzugen möglicherweise eine Kommunikation per E-Mail, während andere einen Telefonanruf bevorzugen. Passen Sie den Service entsprechend den Bedürfnissen und Vorlieben des Kunden an.

7.3.5 Kontinuierliches Training des Teams

Aktualisierung von Fähigkeiten und Wissen: Halten Sie Ihr Team kontinuierlich in den Fähigkeiten des Kundenservice geschult und auf dem neuesten Stand. Dies umfasst die Entwicklung von Kommunikationsfähigkeiten,

Problemlösungsfähigkeiten und ein tiefes Verständnis der angebotenen Dienstleistungen.

7.3.6 Positives und konstruktives Feedback

Anerkennung und Verbesserungsmöglichkeiten: Geben Sie Ihrem Team regelmäßig Feedback, indem Sie positive Praktiken anerkennen und konstruktive Anleitungen zur Verbesserung anbieten. Feedback ist ein wertvolles Werkzeug, um das Team zu motivieren und die Servicequalität zu verbessern.

7.3.7 Nachverkaufsbehandlung

Nachverkaufsbetreuung: Führen Sie nach Abschluss des Service Nachverkaufsgespräche durch, um die kontinuierliche Zufriedenheit des Kunden sicherzustellen. Stehen Sie für weitere Fragen zur Verfügung und zeigen Sie, dass die Beziehung über den Abschluss des Projekts hinausgeht.

7.3.8 Proaktive Problembehebung

Antizipation und schnelle Lösung: Antizipieren Sie potenzielle Probleme und seien Sie bereit, diese schnell zu lösen. Ein proaktiver Ansatz bei der Problembehebung zeigt Engagement und stärkt das Vertrauen des Kunden in Ihre Fähigkeit, Herausforderungen zu bewältigen.

7.3.9 Kontinuierliche Bewertung der Kundenzufriedenheit

Anfrage und Analyse von Feedback: Fordern Sie regelmäßig Feedback von Kunden zum erhaltenen Service an. Analysieren Sie diese

Informationen, um Verbesserungsbereiche zu identifizieren und Strategien bei Bedarf anzupassen.

Durch die Umsetzung effektiver Praktiken für die Qualität im Kundenservice erfüllen Sie nicht nur die Erwartungen des Kunden, sondern bauen auch einen soliden Ruf auf und fördern die Kundenloyalität.

Kapitel 8

Rechtliche und vertragliche Aspekte

8.1 Vertragsausarbeitung

Die Vertragsausarbeitung ist ein entscheidender Teil der Dienstleistungserbringung, um Klarheit und Sicherheit für beide beteiligten Parteien zu gewährleisten. In diesem ersten Abschnitt werden bewährte Praktiken bei der Vertragsausarbeitung erkundet, um Ihre Interessen zu schützen, klare Erwartungen festzulegen und gesunde Geschäftsbeziehungen zu fördern.

8.1.1 Präzise Definition der Dienstleistungen

Detaillierte Arbeitsbereich: Beginnen Sie den Vertrag, indem Sie die zu erbringenden Dienstleistungen genau und detailliert definieren. Spezifizieren Sie den Umfang der Arbeit, die zu erreichenden Ziele und jede erwartete spezifische Lieferung. Dies bietet ein klares Verständnis dafür, was in die Dienstleistung einbezogen ist.

8.1.2 Zahlungsbedingungen und Gebühren

Transparente finanzielle Bedingungen: Legen Sie die Zahlungsbedingungen klar fest, einschließlich Fristen und akzeptierten Zahlungsmethoden. Geben Sie außerdem die Gebühren für die erbrachten Dienstleistungen an. Transparenz in diesen Bereichen vermeidet Missverständnisse und etabliert klare finanzielle Erwartungen.

8.1.3 Fristen und Zeitplan

Festlegung von Zeitgrenzen: Fügen Sie dem Vertrag Fristen und einen Zeitplan für jede Phase des Projekts hinzu. Dies gibt nicht nur dem Kunden eine Orientierung über die zeitlichen Erwartungen, sondern bietet auch eine Möglichkeit, die Leistung der Dienstleistung im Laufe der Zeit zu bewerten.

8.1.4 Verantwortlichkeiten und Pflichten

Klare Zuweisungen für beide Parteien: Detaillieren Sie die Verantwortlichkeiten und Pflichten beider Vertragsparteien. Dies umfasst nicht nur die Verpflichtungen des Dienstleisters, sondern auch die Verantwortlichkeiten des Kunden, um eine effektive Zusammenarbeit sicherzustellen.

8.1.5 Kündigungsklauseln

Verfahren im Falle einer Vertragskündigung: Fügen Sie Kündigungsklauseln hinzu, die die Verfahren im Falle einer Kündigung des Vertrags durch beide Parteien festlegen. Dies hilft, die Interessen beider Parteien in unvorhergesehenen Situationen zu schützen.

8.1.6 Geistiges Eigentum

Vereinbarung über die Eigentumsrechte an geleisteter Arbeit: Spezifizieren Sie im Vertrag klar Fragen zum geistigen Eigentum. Falls während der Dienstleistung geistiges Eigentum entsteht, bestimmen Sie, wer die Rechte daran besitzt und wie sie genutzt werden können.

8.1.7 Vertraulichkeitsklauseln

Schutz sensibler Informationen: Fügen Sie Vertraulichkeitsklauseln hinzu, um sensible während der Dienstleistung geteilte Informationen zu schützen. Diese Klauseln tragen dazu bei, die Sicherheit und Privatsphäre geschäftlicher Informationen zu gewährleisten.

8.1.8 Streitbeilegungsmechanismen

Verfahren im Falle von Konflikten: Antizipieren Sie mögliche Konflikte, indem Sie Streitbeilegungsmechanismen in den Vertrag aufnehmen. Dies kann die Vermittlung oder Schiedsverfahren umfassen und bietet einen schnelleren und effizienteren Ansatz als gerichtliche Auseinandersetzungen.

8.1.9 Rechtliche Überprüfung

Konsultation von Rechtsprofis: Vor Vertragsunterzeichnung wird eine rechtliche Überprüfung durch spezialisierte Fachleute empfohlen. Dies gewährleistet, dass der Vertrag den geltenden Gesetzen entspricht und schützt beide Parteien vor möglichen rechtlichen Komplikationen.

8.1.10 Vertragsaktualisierungen

Flexibilität für Änderungen: Enthalten Sie Klauseln, die Vertragsaktualisierungen bei Bedarf ermöglichen. Dies bietet Flexibilität, um den Vertrag bei Änderungen der Umstände oder des Leistungsumfangs anzupassen.

Durch die Einhaltung dieser Praktiken bei der Vertragsausarbeitung legen Sie eine solide Grundlage für eine rechtlich sichere und transparente Dienstleistungserbringung. Im nächsten Abschnitt werden weitere rechtliche und regulatorische Überlegungen untersucht, die sich auf die Dienstleistungserbringung auswirken können.

Rechte und Pflichten

8.2 Rechte und Pflichten des Dienstleisters

Die klare Festlegung der Rechte und Pflichten des Dienstleisters ist entscheidend, um Transparenz, rechtliche Konformität und gesunde Geschäftsbeziehungen zu gewährleisten. In diesem Abschnitt werden die wichtigsten Elemente erkundet, die bei der Festlegung der Rechte und Pflichten des Dienstleisters in Verträgen zu berücksichtigen sind.

8.2.1 Erfüllung des vereinbarten Umfangs

Lieferung gemäß Vereinbarung: Es ist eine grundlegende Pflicht des Dienstleisters, den im Vertrag vereinbarten Umfang zu erfüllen. Dies umfasst die Erbringung von Dienstleistungen gemäß den vereinbarten Spezifikationen, Fristen und Qualitätsstandards, um sicherzustellen, dass der Kunde das erhält, was vereinbart wurde.

8.2.2 Professionelle Kompetenz

Aufrechterhaltung von Kompetenzstandards: Der Dienstleister hat das Recht und die Pflicht, die vereinbarten Aufgaben mit professioneller Kompetenz auszuführen. Dies beinhaltet, auf dem neuesten Stand der Branchenbest Practices zu bleiben, Fachkenntnisse und Fähigkeiten einzusetzen und Exzellenz in der Leistung zu suchen.

8.2.3 Schutz des geistigen Eigentums

Respektierung der Rechte des geistigen Eigentums: Der Dienstleister muss die Rechte des geistigen Eigentums respektieren und sicherstellen, dass keine Verletzungen von Patenten, Urheberrechten oder anderen geistigen Eigentumsrechten vorliegen. Falls im Vertrag die Erstellung neuer Materialien vorgesehen ist, ist es wichtig, klar festzulegen, wer die Rechte besitzt.

8.2.4 Wahrung der Vertraulichkeit

Schutz sensibler Informationen: Der Dienstleister übernimmt in der Regel die Pflicht, die Vertraulichkeit sensibler Kundeninformationen zu wahren. Diese Verpflichtung zielt darauf ab, Geschäftsdaten, Strategien und andere vertrauliche Elemente zu schützen, die während der Dienstleistungserbringung geteilt werden können.

8.2.5 Transparente Kommunikation

Pflicht zur transparenten Kommunikation: Der Dienstleister hat die Pflicht, eine transparente

Kommunikation mit dem Kunden aufrechtzuerhalten. Dies umfasst die Berichterstattung über den Arbeitsfortschritt, die Mitteilung von aufgetretenen Herausforderungen und die regelmäßige Aktualisierung, um sicherzustellen, dass der Kunde über den Status des Dienstes gut informiert ist.

8.2.6 Problemlösung

Proaktiver Ansatz zur Problemlösung: Bei Herausforderungen oder Problemen während der Dienstleistungserbringung hat der Dienstleister die Pflicht, proaktiv damit umzugehen. Dies beinhaltet die frühzeitige Identifizierung möglicher Hindernisse, die transparente Kommunikation über diese Herausforderungen und die Suche nach effektiven Lösungen in Zusammenarbeit mit dem Kunden.

8.2.7 Recht auf Vergütung

Vergütung für erbrachte Dienstleistungen: Der Dienstleister hat das Recht auf Vergütung für erbrachte Dienstleistungen gemäß dem Vertrag. Dieses Recht umfasst die Zahlung von Honoraren, vereinbarten Ausgaben und jeglicher sonstigen vereinbarten Form der Vergütung im Vertrag.

8.2.8 Einhaltung von Gesetzen und Vorschriften

Einhaltung einschlägiger Gesetze und Vorschriften: Der Dienstleister hat die Pflicht, alle für seinen Tätigkeitsbereich geltenden Gesetze und Vorschriften einzuhalten. Dies umfasst steuerliche Fragen, branchenspezifische

Vorschriften und andere gesetzliche Anforderungen, die für die erbrachte Dienstleistung gelten.

8.2.9 Vertragsauflösung

Recht und Pflicht zur Vertragsauflösung: Beide Parteien, einschließlich des Dienstleisters, haben das Recht, den Vertrag unter bestimmten Bedingungen zu kündigen. Dieses Recht muss gemäß den im Vertrag vereinbarten Kündigungsklauseln ausgeübt werden, einschließlich angemessener Benachrichtigung und Verfahren.

Beilegung von Streitigkeiten

8.3 Beilegung von Streitigkeiten

Die Möglichkeit von Streitigkeiten ist in der Geschäftswelt eine Realität, aber angemessene Lösungsstrategien können negative Auswirkungen minimieren und Beziehungen bewahren. In diesem Abschnitt werden bewährte Praktiken für eine effektive Streitbeilegung erkundet, um sicherzustellen, dass Konflikte fair und effizient behandelt werden.

8.3.1 Streitbeilegungsklauseln

Einbeziehung alternativer Mechanismen: Im Vertrag sollten Klauseln aufgenommen werden, die alternative Streitbeilegungsmechanismen wie Mediation oder Schiedsgerichtsbarkeit festlegen.

Diese Methoden bieten einen schnelleren und weniger konfrontativen Ansatz als traditionelle Gerichtsverfahren.

8.3.2 Verhandlung in gutem Glauben

Suche nach gegenseitig akzeptablen Lösungen: Wenn ein Konflikt auftritt, fördern Sie Verhandlungen in gutem Glauben zwischen den Parteien. Ermutigen Sie zur Suche nach gegenseitig akzeptablen Lösungen, wobei der Dialog und die Zusammenarbeit im Vordergrund stehen anstelle eines konfrontativen Ansatzes.

8.3.3 Mediation

Einbeziehung neutraler Dritter: Bei der Mediation ist ein neutraler Dritter anwesend, der die Kommunikation zwischen den Parteien erleichtert und bei der Suche nach einer Einigung hilft. Erwägen Sie die Mediation als Option, bevor formale rechtliche Schritte unternommen werden.

8.3.4 Schiedsgerichtsbarkeit

Entscheidung eines unabhängigen Schiedsrichters: Bei der Schiedsgerichtsbarkeit entscheidet ein unabhängiger Schiedsrichter verbindlich über den Streit. Dies ist eine Alternative zur gerichtlichen Auseinandersetzung und kann eine schnellere und effizientere Lösung bieten.

8.3.5 Gerichtliche Auseinandersetzung

Letzte Möglichkeit: Die gerichtliche Auseinandersetzung ist die letzte Möglichkeit und dauert in der Regel länger und ist kostspieliger. In einigen Fällen kann es jedoch die einzige Option sein. Stellen Sie sicher, dass die vertraglichen Bestimmungen zur gerichtlichen Auseinandersetzung klar und ausführlich sind.

8.3.6 Risiko- und Kostenbewertung

Analyse vor der Entscheidungsfindung: Bevor Sie eine Methode zur Streitbeilegung wählen, bewerten Sie sorgfältig die damit verbundenen Risiken und Kosten. Berücksichtigen Sie Faktoren wie Zeit, Rechtskosten und potenzielle Auswirkungen auf Geschäftsbeziehungen.

8.3.7 Einhaltung vertraglicher Klauseln

Gewährleistung der Einhaltung vertraglicher Bestimmungen: Beide Parteien müssen die vertraglichen Bestimmungen zur Streitbeilegung einhalten. Dies umfasst die Befolgung der im Vertrag festgelegten Verfahren zur Beilegung von Streitigkeiten, um sicherzustellen, dass beide Parteien fair behandelt werden.

8.3.8 Fachkundige Rechtsberatung

Konsultation von Fachanwälten: In Streitigkeiten kann die Einholung von Rat bei Anwälten, die auf Streitbeilegung oder das spezifische Vertragsgebiet spezialisiert sind, entscheidend sein. Fachkundige Rechtsberater können wertvolle Einblicke und effektive Vertretung bieten.

8.3.9 Angemessene Dokumentation

Detaillierte Aufzeichnung von Ereignissen: Halten Sie eine detaillierte Dokumentation aller Ereignisse im Zusammenhang mit dem Streit fest.

Dies kann Kommunikationen, Verträge, Protokolle von Besprechungen und relevante Korrespondenz umfassen. Eine angemessene Dokumentation stärkt die Position beider Parteien in jeder gewählten Streitbeilegungsmethode.

8.3.10 Erhaltung der Geschäftsbeziehung

Priorisierung der Geschäftsbeziehung: Selbst bei einem Streit sollten Sie bestrebt sein, die Geschäftsbeziehung so weit wie möglich aufrechtzuerhalten. Die Streitbeilegung sollte nicht nur darum gehen, zu gewinnen oder zu verlieren, sondern auch darum, berufliche Beziehungen zu pflegen, die in Zukunft wertvoll sein können.

Durch die Umsetzung effektiver Streitbeilegungsstrategien mindern Sie die negativen Auswirkungen solcher Situationen und wahren die Integrität Ihres Unternehmens.

Kapitel 9

Nützliche Werkzeuge und Ressourcen

9.1 Software und Anwendungen für das Management

Effizientes Management ist entscheidend für den Erfolg bei der Erbringung von Dienstleistungen. In diesem ersten Abschnitt werden verschiedene Tools und Anwendungen erkundet, die das Management Ihres Unternehmens optimieren können, um eine höhere betriebliche Effizienz, Organisation und bessere Kontrolle über die Aktivitäten zu ermöglichen.

9.1.1 Unternehmensmanagement-Systeme (ERP):

ERPs integrieren verschiedene Bereiche des Unternehmens wie Finanzen, Personalwesen, Vertrieb und Logistik. Tools wie SAP, Oracle NetSuite und Microsoft Dynamics bieten umfassende Lösungen für ein integriertes und effizientes Management.

9.1.2 Projektmanagement-Tools:

Für ein effektives Projektmanagement sind Anwendungen wie Asana, Trello und Microsoft Project wertvoll. Diese Tools erleichtern die Verfolgung von Aufgaben, das Teilen von Dokumenten und die Kommunikation zwischen Teams.

9.1.3 Kommunikations- und Kollaborationsplattformen:

Der Erfolg bei der Erbringung von Dienstleistungen hängt oft von effizienter Kommunikation ab. Tools wie Slack, Microsoft Teams und Zoom bieten virtuelle kollaborative Umgebungen, die die Kommunikation zwischen Teammitgliedern und Kunden erleichtern.

9.1.4 Buchhaltungstools:

Finanzmanagement ist entscheidend. Tools wie QuickBooks, Xero und Sage erleichtern die Buchhaltung, Rechnungsstellung und Finanzkontrolle und bieten einen klaren Überblick über die finanzielle Gesundheit des Unternehmens.

9.1.5 CRM (Customer Relationship Management):

Zur Stärkung der Kundenbeziehungen sind CRMs wie Salesforce, HubSpot und Zoho CRM unerlässlich. Diese Plattformen helfen bei der Verwaltung von Kontakten, der Erfassung von Interaktionen und der Personalisierung von Servicestrategien.

9.1.6 Marketing-Automatisierungstools:

Die Automatisierung von Marketingprozessen kann Zeit sparen und die Effektivität verbessern. Tools wie HubSpot, Mailchimp und Marketo unterstützen bei der Automatisierung von E-Mails, Kampagnen und der Analyse von Ergebnissen.

9.1.7 Aufgabenmanagement-Software:

Die Organisation von Aufgaben ist entscheidend. Tools wie Todoist, Wunderlist (oder der Nachfolger Microsoft To Do) und Remember The Milk helfen bei der täglichen Organisation und Verfolgung von Aktivitäten.

9.1.8 Cloud-Speicherplattformen:

Um den Zugriff und Austausch von Dokumenten zu erleichtern, ist Cloud-Speicher unerlässlich. Dienste wie Google Drive, Dropbox und Microsoft OneDrive bieten sichere und kollaborative Lösungen.

9.1.9 Videokonferenz- und Webinar-Software:

Mit dem zunehmenden Bedarf an virtueller Kommunikation sind Tools wie Zoom, Microsoft Teams und Webex für Online-Meetings, Präsentationen und Schulungen unerlässlich.

9.1.10 Cybersecurity-Tools:

Der Schutz sensibler Daten hat oberste Priorität. Tools wie Norton, McAfee und Bitdefender bieten Cybersecurity-Lösungen zum Schutz vor Online-Bedrohungen.

9.1.11 Datenanalyseplattformen:

Für fundierte Entscheidungen bieten Datenanalysetools wie Tableau, Google Analytics und Microsoft Power BI wertvolle Einblicke in die Geschäftsleistung.

Durch die Integration dieser Tools in Ihre Praxis stärken Sie das Management Ihres Unternehmens und gewährleisten eine höhere Effizienz und Ausrichtung an die Anforderungen der Dienstleistungserbringung. Im nächsten Abschnitt werden ethische Überlegungen bei der Erbringung von Dienstleistungen und wie diese Grundsätze sich positiv auf Ihre berufliche Praxis auswirken können, erkundet.

Marketingplattformen

9.2 Online-Marketingplattformen

In einer hochgradig wettbewerbsorientierten digitalen Landschaft spielen Online-Marketingplattformen eine entscheidende Rolle bei der Förderung und Sichtbarkeit von Dienstleistungen. In diesem Abschnitt werden einige der wichtigsten Online-Marketingplattformen untersucht, die die Präsenz Ihres Unternehmens im Internet steigern können.

9.2.1 Google Ads:

Google Ads ist eine leistungsstarke Werbeplattform, die es ermöglicht, Anzeigen zu erstellen, die in den Suchergebnissen von Google, auf Partnerwebsites und auf YouTube erscheinen. Mit präziser Ausrichtung können Sie Ihre Anzeigen an die richtige Zielgruppe richten.

9.2.2 Facebook Ads:

Mit einer enormen Nutzerbasis bietet Facebook Ads eine robuste Plattform für zielgerichtete Anzeigen. Sie können Ihre Zielgruppe nach Demografie, Interessen und Verhalten ausrichten und so die Wirksamkeit Ihrer Kampagne erhöhen.

9.2.3 Instagram for Business:

Instagram ist eine leistungsstarke visuelle Plattform, insbesondere für Unternehmen, die sich auf visuellen Inhalt konzentrieren. Instagram for Business bietet Analyse- und Werbetools, um die Markensichtbarkeit durch ansprechende Fotos und Videos zu steigern.

9.2.4 LinkedIn Advertising:

Wenn sich Ihr Unternehmen auf B2B-Dienstleistungen konzentriert, ist LinkedIn-Werbung unerlässlich. Sie ermöglicht es, Anzeigen basierend auf Positionen, Branchen und Unternehmen zu schalten und relevante Fachleute für Ihr Tätigkeitsfeld zu erreichen.

9.2.5 Twitter for Business:

Twitter for Business bietet Möglichkeiten zur Förderung durch gesponserte Tweets und Anzeigen. Es ist eine effektive Plattform, um die Markensichtbarkeit zu erhöhen und mit Ihrer Zielgruppe durch kurze und direkte Nachrichten zu interagieren.

9.2.6 YouTube Advertising:

YouTube ist die größte Plattform für das Teilen von Videos weltweit. Anzeigen auf YouTube können eine breite Zielgruppe erreichen, und Sie können Ihre Anzeigen basierend auf Interessen, Schlüsselwörtern und Sehverhalten ausrichten.

9.2.7 E-Mail-Marketingplattformen:

Tools wie Mailchimp, Sendinblue und Constant Contact sind entscheidend für E-Mail-Marketingstrategien. Sie ermöglichen die Erstellung personalisierter Kampagnen, die Automatisierung von Workflows und die Verfolgung wichtiger Metriken.

9.2.8 SEO-Tools:

Suchmaschinenoptimierung (SEO) ist entscheidend für die Online-Sichtbarkeit. Tools wie SEMrush, Moz und Ahrefs helfen bei der Optimierung Ihrer Website, der Analyse von Wettbewerbern und der Verbesserung Ihres Rankings in den Suchergebnissen.

9.2.9 Content-Marketingplattformen:

Plattformen wie HubSpot, CoSchedule und ContentStudio eignen sich ideal zur Verwaltung von Content-Marketingstrategien. Sie bieten Funktionen zur Erstellung, Planung und Analyse von Inhalten, die zum organischen Wachstum beitragen.

9.2.10 Google Analytics:

Um die Online-Performance zu verstehen, ist Google Analytics unerlässlich. Es liefert detaillierte Einblicke in den Website-Verkehr, das Nutzerverhalten und die Wirksamkeit von Kampagnen und ermöglicht strategische Anpassungen.

9.2.11 Live-Video-Kanäle:

Plattformen wie Facebook Live, Instagram Live und YouTube Live bieten Möglichkeiten zur direkten Verbindung mit Ihrem Publikum in Echtzeit. Live-Video ist ein wertvolles Werkzeug zur Interaktion und direkten Kommunikation.

Durch die strategische Integration dieser Online-Marketingplattformen in Ihren Ansatz erhöhen Sie die Sichtbarkeit Ihres Unternehmens und erreichen Ihre Zielgruppe effektiv.

Networking

9.3 Networking-Ressourcen

Networking ist ein wesentlicher Bestandteil beim Aufbau und Wachstum eines Serviceunternehmens. In diesem Abschnitt werden verschiedene Tools und Ressourcen erkundet, die Ihre Networking-Initiativen vorantreiben können, indem sie Sie mit Fachleuten, Kunden und Geschäftsmöglichkeiten verbinden.

9.3.1 LinkedIn:

LinkedIn ist eine weit verbreitete Plattform für berufliches Networking. Neben der Erstellung eines robusten beruflichen Profils können Sie an relevanten Gruppen in Ihrem Bereich teilnehmen, Einblicke teilen und sich mit Fachleuten vernetzen, die für Ihr Unternehmen wertvoll sein können.

9.3.2 Online-Veranstaltungen und Konferenzen:

Die Teilnahme an Online-Veranstaltungen und -Konferenzen bietet wertvolle Networking-Möglichkeiten. Plattformen wie Eventbrite, Meetup und Zoom erleichtern die Teilnahme an Veranstaltungen in Ihrem Bereich und ermöglichen bedeutungsvolle Verbindungen.

9.3.3 Tools für lokales Networking:

Um Verbindungen in Ihrer lokalen Gemeinschaft aufzubauen, nutzen Sie Tools wie Nextdoor, lokale Facebook-Gruppen und regionsspezifische Apps. Dadurch können Sie sich mit anderen örtlichen Dienstleistern und potenziellen Kunden verbinden.

9.3.4 Networking-Datenbank:

Das Führen einer Networking-Datenbank ist eine effektive Praxis. Tools wie Contactually und Nimble helfen Ihnen dabei, Ihre Kontakte, Follow-up-Erinnerungen und vergangene Interaktionen zu verwalten und Ihre Beziehungen im Laufe der Zeit zu stärken.

9.3.5 Alumni-Netzwerke:

Wenn Sie eine Bildungseinrichtung besucht haben, nutzen Sie die Alumni-Netzwerke. Plattformen wie Graduway und AlumniFinder ermöglichen es Ihnen, sich mit ehemaligen Kommilitonen zu verbinden und wertvolle Networking-Möglichkeiten zu schaffen.

9.3.6 Plattformen für berufliche Zusammenarbeit:

Tools wie Slack, Microsoft Teams und Trello sind nicht nur für interne Zusammenarbeit gedacht. Sie können auch genutzt werden, um sich mit anderen Fachleuten Ihrer Branche zu vernetzen, an Communities teilzunehmen und Wissen auszutauschen.

9.3.7 Berufsvereine und -verbände:

Die Mitgliedschaft in relevanten Berufsvereinen und -verbänden ist eine effektive Networking-Strategie. Die Teilnahme an Treffen und Veranstaltungen dieser Organisationen kann Türen zu neuen Möglichkeiten öffnen.

9.3.8 Frage-und-Antwort-Plattformen:

Die Teilnahme an Plattformen wie Quora und Reddit ermöglicht es nicht nur, Ihr Wissen zu teilen, sondern auch sich mit Fachleuten und potenziellen Kunden zu vernetzen, die nach Anleitung in Ihrem Fachgebiet suchen.

9.3.9 Apps für berufliches Networking:

Einige Apps sind speziell für die Erleichterung des beruflichen Netzwerkings konzipiert. Beispiele hierfür sind Shapr, Bumble Bizz und Weave, die Fachleute mit ähnlichen Interessen verbinden.

9.3.10 Online-Webinare und Workshops:

Die Durchführung von Online-Webinaren und -Workshops hebt nicht nur Ihre Expertise hervor, sondern schafft auch Networking-Möglichkeiten. Plattformen wie Zoom und Webex ermöglichen Echtzeitinteraktionen und können ein vielfältiges Publikum ansprechen.

9.3.11 Plattformen für Freiberufler:

Wenn Sie ein unabhängiger Dienstleister sind, bieten Plattformen wie Upwork, Freelancer und Fiverr nicht nur Arbeitsmöglichkeiten, sondern ermöglichen auch den Aufbau eines Netzwerks von Kunden und Kollegen.

Durch die Nutzung dieser Networking-Tools bauen Sie ein solides berufliches Netzwerk auf und öffnen Türen für Zusammenarbeit, Partnerschaften und Wachstumsmöglichkeiten für Ihr Unternehmen.

Kapitel 10

Kontinuierliche berufliche Weiterentwicklung

10.1 Teilnahme an Veranstaltungen und Workshops

Die kontinuierliche berufliche Weiterentwicklung ist entscheidend, um in einer sich ständig weiterentwickelnden Geschäftswelt relevant zu bleiben. Die Teilnahme an Veranstaltungen und Workshops ist eine wertvolle Strategie, um neues Wissen zu erlangen, Fähigkeiten zu entwickeln und Ihr Netzwerk zu erweitern. In diesem ersten Abschnitt werden die Bedeutung und bewährte Verfahren zur optimalen Nutzung dieser Lernmöglichkeiten untersucht.

10.1.1 Bedeutung der Teilnahme an Veranstaltungen:

- **Aktualisierung des Wissens:** Die Teilnahme an Veranstaltungen bietet Zugang zu aktuellen Informationen und Trends in Ihrem Tätigkeitsbereich. Vorträge, Diskussionsrunden und Präsentationen bieten wertvolle Einblicke, die die Innovation Ihrer Dienstleistungen vorantreiben können.

- **Berufliches Networking:** Veranstaltungen sind geeignete Umgebungen, um Ihr berufliches Netzwerk aufzubauen und zu stärken. Die Verbindung zu Kollegen der Branche, Experten und potenziellen

Kunden kann zu strategischen Partnerschaften und Geschäftsmöglichkeiten führen.

- **Inspiration und Motivation:** Der Kontakt mit inspirierenden Fachleuten und Erfolgsgeschichten kann Ihre eigene Arbeit motivieren und beleben. Der Austausch von Erfahrungen und Herausforderungen während Veranstaltungen bietet eine einzigartige Perspektive, die Ihr berufliches Wachstum vorantreiben kann.

10.1.2 Strategische Auswahl von Veranstaltungen:

- **Ausrichtung auf berufliche Ziele:** Wählen Sie Veranstaltungen aus, die Ihren beruflichen Zielen entsprechen. Berücksichtigen Sie Bereiche, in denen Sie Ihre Fähigkeiten verbessern, neue Trends erkunden oder Ihr Netzwerk erweitern möchten.

- **Vielfalt der Formate:** Wählen Sie Veranstaltungen aus, die eine Vielzahl von Formaten anbieten, wie Vorträge, interaktive Workshops, praktische Sitzungen und Networking-Möglichkeiten. Dies ermöglicht eine umfassende Erfahrung.

10.1.3 Vorbereitung und aktive Beteiligung:

- **Vorabstudium des Programms:** Studieren Sie vor der Veranstaltung das Programm, um interessante Sitzungen und

Referenten zu identifizieren. Dies ermöglicht es Ihnen, Ihre Zeit optimal zu nutzen und an den für Ihre Ziele relevantesten Aktivitäten teilzunehmen.

- **Aktive Teilnahme an Diskussionen:** Tragen Sie zu Diskussionen bei und stellen Sie während der Sitzungen Fragen. Dies zeigt nicht nur Ihr Engagement, sondern bietet auch Gelegenheiten zum Austausch mit Referenten und anderen Teilnehmern.

10.1.4 Strategisches Networking:

- **Visitenkarten und Online-Profil:** Halten Sie Ihre Visitenkarten aktuell und erstellen Sie ein Online-Profil, das Ihre Fähigkeiten und Erfahrungen hervorhebt. Dies erleichtert den Informationsaustausch während der Veranstaltungen und hilft Ihren Kontakten, sich nach Abschluss an Sie zu erinnern.

- **Teilnahme an Networking-Aktivitäten:** Nutzen Sie die Networking-Aktivitäten, die von den Veranstaltungen angeboten werden, wie Cocktails, Kaffeepausen und Round-Table-Gespräche. Diese informellen Momente sind ideal für persönlichere Verbindungen.

10.1.5 Nutzen nach der Veranstaltung:

- **Nachverfolgung von Kontakten:** Nach der Veranstaltung folgen Sie den Kontakten, die Sie geknüpft haben. Senden Sie personalisierte E-Mails, vernetzen Sie sich in sozialen Medien und erkunden Sie mögliche Kooperationsmöglichkeiten, die sich aus diesen Verbindungen ergeben können.

- **Praktische Anwendung des Wissens:** Setzen Sie das während der Veranstaltung erworbene Wissen in Ihrer täglichen Arbeit um. Die praktische Anwendung ist entscheidend, um Informationen in effektive Maßnahmen umzusetzen und Ihre berufliche Leistung zu verbessern.

Durch aktive Teilnahme an Veranstaltungen und Workshops investieren Sie nicht nur in die Entwicklung Ihrer Fähigkeiten, sondern auch in den Aufbau eines soliden und wertvollen beruflichen Netzwerks.

Fortlaufende Weiterbildung

10.2 Fortlaufende Bildung

Fortlaufende Bildung ist ein wesentlicher Eckpfeiler für Fachkräfte, die bestrebt sind, auf dem neuesten Stand zu bleiben und in ihren Tätigkeitsbereichen wettbewerbsfähig zu bleiben. In diesem zweiten Abschnitt werden die Bedeutung der fortlaufenden Bildung, ihre verschiedenen Formen und effektive Strategien zur Sicherstellung eines kontinuierlichen Lernens im Laufe der Karriere untersucht.

10.2.1 Bedeutung der Fortlaufenden Bildung:

- **Aktualisierung des Wissens:** Die rasante Entwicklung der Branchen erfordert, dass Fachkräfte ständig auf dem Laufenden sind. Fortlaufende Bildung ist der Schlüssel zum Verständnis neuer Technologien, Markttrends und Innovationen in ihrem Tätigkeitsbereich.

- **Erhaltung der beruflichen Relevanz:** Fachkräfte, die ständig bestrebt sind, ihre Fähigkeiten und Kenntnisse zu verbessern, bleiben in einem dynamischen Arbeitsmarkt relevant. Dies trägt nicht nur zur Arbeitsplatzsicherheit bei, sondern auch zur Erschließung von Karrieremöglichkeiten.

10.2.2 Formen der Fortlaufenden Bildung:

- **Präsenz- und Online-Kurse:** Das Angebot an Präsenz- und Online-Kursen ist vielfältig. Plattformen wie Coursera, Udemy und LinkedIn Learning bieten Zugang zu einer Vielzahl von Kursen in verschiedenen Bereichen und ermöglichen es Ihnen, im eigenen Tempo zu lernen.

- **Berufszertifizierungen:** Zertifizierungen gelten als konkreter Nachweis von Wissen und Fähigkeiten. Das Streben nach relevanten Zertifizierungen in Ihrem Tätigkeitsbereich ist eine effektive Möglichkeit, Ihre Kompetenzen gegenüber Arbeitgebern und Kunden zu validieren.

- **Teilnahme an Vorträgen und Seminaren:** Vorträge und Seminare bieten die Möglichkeit, von Experten zu lernen, relevante Themen zu diskutieren und das Verständnis für Herausforderungen und Trends in der Branche zu erweitern.

10.2.3 Effektive Strategien für Fortlaufende Bildung:

- **Festlegung klarer Ziele:** Definieren Sie klare Bildungsziele, indem Sie bestimmte Bereiche identifizieren, in denen Sie sich verbessern möchten. Diese Ziele dienen als Leitfaden für die Auswahl von Kursen und Lernaktivitäten.

- **Regelmäßige Lernplanung:** Nehmen Sie sich regelmäßig Zeit für Lernen und Weiterbildung. Die Festlegung eines dedizierten Zeitplans für fortlaufende Bildung gewährleistet Kontinuität und verhindert, dass diese Praxis im beruflichen Alltag vernachlässigt wird.

- **Teilnahme an Berufsgemeinschaften:** Engagieren Sie sich in beruflichen Gemeinschaften online und offline. Der Austausch von Wissen und Erfahrungen mit Kollegen erweitert Ihre Perspektive und bietet kontinuierliches Lernen durch gemeinsame Interaktionen.

10.2.4 Investition in die persönliche Entwicklung:

- **Entwicklung ergänzender Fähigkeiten:** Investieren Sie neben den technischen Fähigkeiten in ergänzende Fähigkeiten wie Führung, Kommunikation und Problemlösung. Diese Fähigkeiten werden am Arbeitsplatz zunehmend geschätzt.

- **Erkundung neuer Bereiche:** Seien Sie offen für die Erkundung neuer Bereiche, die mit Ihrem Beruf verbunden sind. Dies erweitert Ihr Fähigkeitsspektrum und ermöglicht es Ihnen, in verschiedenen Aspekten Ihres Fachgebiets herauszustechen.

10.2.5 Feedback und kontinuierliche Bewertung:

- **Feedback einholen:** Suchen Sie regelmäßig Feedback von Kollegen, Mentoren oder Ausbildern. Konstruktives Feedback hilft dabei,

Verbesserungsbereiche zu identifizieren und Ihre Lernansätze anzupassen.

- **Kontinuierliche Bewertung des Fortschritts:** Bewerten Sie regelmäßig Ihren Fortschritt im Vergleich zu den festgelegten Zielen. Dies ermöglicht es Ihnen, Ihren Fortbildungsplan bei Bedarf anzupassen und auf Ihre Ziele auszurichten.

10.2.6 Mentoring und Beratung:

- **Suche nach Mentoren:** Knüpfen Sie Beziehungen zu erfahrenen Fachleuten, die Sie in Ihrer beruflichen Entwicklung unterstützen können. Mentoring ist ein wertvolles Instrument, um Einblicke, praktische Ratschläge und Anleitung in der fortlaufenden Bildung zu erhalten.

Durch die Einbeziehung der fortlaufenden Bildung als kontinuierliche Praxis in Ihrer Karriere sind Sie in der Lage, den dynamischen Herausforderungen des Marktes zu begegnen und in einer sich ständig weiterentwickelnden beruflichen Umgebung erfolgreich zu sein.

Anpassung an Veränderungen

10.3 Anpassung an Marktveränderungen

Die Anpassungsfähigkeit ist eine entscheidende Fähigkeit für Fachleute, die sich in einem sich ständig verändernden Markt hervorheben wollen. In diesem dritten Abschnitt werden die Bedeutung der Anpassung an Veränderungen, Strategien zur Identifizierung von Trends und die Entwicklung einer flexiblen Denkweise zur Bewältigung neuer Herausforderungen untersucht.

10.3.1 Bedeutung der Anpassung:

- **Reaktion auf aufkommende Trends:** Die Anpassung ermöglicht es Ihnen, schnell auf aufkommende Trends zu reagieren. Diejenigen, die Veränderungen im Markt vorhersehen und annehmen können, haben einen erheblichen Wettbewerbsvorteil.

- **Aufrechterhaltung der Relevanz:** Die ständige Entwicklung des Marktes erfordert, dass Fachleute relevant bleiben. Diejenigen, die Stagnation widerstehen und ständig bestrebt sind, sich anzupassen, sind besser positioniert, um Herausforderungen anzunehmen und Chancen zu nutzen.

10.3.2 Strategien zur Identifizierung von Veränderungen:

- **Verfolgung von Branchentrends:** Bleiben Sie über Branchentrends auf dem Laufenden, indem Sie regelmäßig lesen, an Konferenzen teilnehmen und sich in beruflichen Gemeinschaften engagieren.

Das Verständnis Ihrer Arbeitsumgebung ist entscheidend für die Anpassung.

- **Networking und berufliche Kontakte:** Knüpfen Sie ein starkes berufliches Netzwerk. Der Austausch von Informationen und Einsichten mit Kollegen und Mentoren kann wertvolle Einblicke in bevorstehende Veränderungen und aufkommende Chancen bieten.

10.3.3 Entwicklung einer flexiblen Denkweise:

- **Akzeptanz von Unsicherheit:** Entwickeln Sie eine Denkweise, die Unsicherheit als Teil des Prozesses akzeptiert. In dynamischen Umgebungen ist die Fähigkeit, mit unsicheren Situationen umzugehen und sich schnell anzupassen, eine wesentliche Fähigkeit.

- **Kontinuierliches Lernen:** Öffnen Sie sich für kontinuierliches Lernen. Seien Sie bereit, neue Fähigkeiten zu erwerben, auch wenn dies bedeutet, Ihre Komfortzone zu verlassen. Die ständige Suche nach Wissen stärkt Ihre Anpassungsfähigkeit.

10.3.4 Resilienz und Change-Management:

- **Entwicklung von Resilienz:** Resilienz ist die Fähigkeit, sich von Widrigkeiten zu erholen. Kultivieren Sie diese Fähigkeit, um Herausforderungen konstruktiv zu bewältigen, aus Erfahrungen zu lernen und gelernte Lektionen anzuwenden.

- **Teilnahme an Change-Management-Schulungen:** Spezifische Schulungen im Change-Management können Werkzeuge und Strategien für den effektiven Umgang mit Übergängen bereitstellen. Dies erleichtert die persönliche Anpassung und beeinflusst Teams und Organisationen positiv.

10.3.5 Persönliche und berufliche Innovation:

- **Förderung der Kreativität:** Kultivieren Sie Kreativität als Fähigkeit zur Suche nach innovativen Lösungen. Seien Sie offen für neue Ansätze und hinterfragen Sie den Status quo, um zur Innovation in Ihrem Bereich beizutragen.

- **Kontrollierte Experimente:** Führen Sie kontrollierte Experimente in Ihrer beruflichen Praxis durch. Testen Sie neue Ideen, Methoden oder Strategien, bevor Sie sie in großem Umfang implementieren. Experimente ermöglichen Anpassungen und Verfeinerungen mit geringerem Risiko.

10.3.6 Überwachung des Arbeitsumfelds:

- **Beobachtung von Marktkennzahlen:** Achten Sie auf Marktkennzahlen wie regulatorische Veränderungen, technologische Fortschritte und das Verbraucherverhalten. Diese Informationen können bevorstehende Veränderungen signalisieren, die Ihren Tätigkeitsbereich beeinflussen werden.

- **Kontinuierliche Wettbewerbsanalyse:** Überwachen Sie die Praktiken und Strategien der Konkurrenz. Die Wettbewerbsanalyse liefert Einblicke darüber, was funktioniert und was nicht, und führt zu Anpassungen Ihrer Herangehensweise.

Indem Sie einen proaktiven Ansatz für die Anpassung übernehmen, bleiben Sie den Veränderungen voraus und tragen dazu bei, Ihre berufliche Umgebung zu gestalten.

Kapitel 11

Fallstudien Praktische Beispiele erfolgreicher Dienstleister

Im Kapitel 11 werden inspirierende Fallstudien von Dienstleistern untersucht, die durch innovative Strategien, außergewöhnliche Fähigkeiten und einen engagierten Ansatz zur Exzellenz erfolgreich waren. Diese praktischen Beispiele bieten wertvolle Einblicke und Lektionen, die andere Fachleute inspirieren können, ihre eigenen Praktiken zu verbessern.

Fallstudie 1: Maria, Digitale Marketingberaterin
Herausforderung:

Maria, eine digitale Marketingberaterin, stand vor der Herausforderung, sich in einem gesättigten Markt hervorzuheben. Sie erkannte die Bedeutung, sich auf einen bestimmten Bereich zu spezialisieren, um sich von der Konkurrenz abzuheben. **Erfolgreiche Strategien:**

- **Spezifische Nischen:** Maria entschied sich, sich auf digitales Marketing für lokale Kleinunternehmen zu spezialisieren und baute sich so einen soliden Ruf in dieser Nische auf.

- **Aktives Networking:** Sie nahm regelmäßig an lokalen Veranstaltungen teil, knüpfte Kontakte zu Unternehmern und baute ein Netzwerk auf, das zu strategischen Partnerschaften führte.

- **Fortlaufende Bildung:** Sie blieb über die neuesten Trends im digitalen Marketing durch Online-Kurse und Zertifizierungen auf dem Laufenden und sorgte dafür, dass ihre Dienstleistungen immer den besten Praktiken entsprachen. **Ergebnis:** Maria gewann eine treue Kundenbasis und sah ihr Geschäft wachsen, während sie zu einer Referenz für digitales Marketing für lokale Kleinunternehmen wurde.

Fallstudie 2: Thomas, Freiberuflicher Softwareentwickler Herausforderung:

Thomas, ein freiberuflicher Softwareentwickler, stand vor der Herausforderung, einen stetigen Strom von Projekten und Kunden zu gewährleisten. **Erfolgreiche Strategien:**

- **Starke Online-Präsenz:** Er erstellte ein detailliertes Online-Portfolio, das frühere Projekte, Kundenbewertungen und seine technischen Fähigkeiten hervorhob.

- **Zusammenarbeit auf Freiberuflerplattformen:** Er nutzte Freelancer-Plattformen wie Upwork und Freelancer, um zusätzliche Projekte zu finden und seinen Ruf aufzubauen.

- **Professionelles Networking:** Er beteiligte sich aktiv an Online-Entwickler-Communities, tauschte Wissen aus, erhielt Feedback und erhielt gelegentlich Empfehlungen von anderen Fachleuten.

Ergebnis: Thomas etablierte sich als erfolgreicher Freiberufler mit einer vielfältigen Kundenbasis. Sein Erfolg führte auch zu Möglichkeiten für komplexere und besser bezahlte Projekte.

Fallstudie 3: Lisa, Persönlichkeitstrainerin Herausforderung:

Lisa, eine Persönlichkeitstrainerin, stand vor der Herausforderung, eine erfolgreiche Coaching-Praxis in einem wettbewerbsintensiven Markt aufzubauen. **Erfolgreiche Strategien:**

- **Persönliches Branding:** Sie investierte in die Entwicklung ihrer persönlichen Marke, indem sie eine professionelle Website erstellte, an Podcasts teilnahm und Artikel über persönliche Entwicklung schrieb.

- **Spezialisierte Coaching-Programme:** Sie entwickelte spezialisierte Coaching-Programme für spezifische Zielgruppen, wie berufliche Neuorientierer und angehende Unternehmer.

- **Zusammenarbeit mit anderen Trainern:** Sie schloss Partnerschaften mit anderen Trainern, um Workshops und gemeinsame Veranstaltungen anzubieten und ihre Sichtbarkeit auf dem Markt zu erhöhen. **Ergebnis:** Lisa baute eine solide Coaching-Praxis auf und zog Kunden durch ihre Online-Präsenz, spezialisierte Programme und strategische Zusammenarbeiten an.

Diese Fallstudien veranschaulichen die Vielfalt der Ansätze, die erfolgreiche Dienstleister in ihren jeweiligen Bereichen verfolgen, um erfolgreich zu sein. Im nächsten Kapitel werden wir die Bedeutung von Ethik in der Dienstleistung und wie dies zur Schaffung eines dauerhaften Rufs beiträgt, behandeln.

Kapitel 12

Ethik in der Dienstleistungserbringung und ihr Beitrag zum Aufbau eines dauerhaften Rufes

Ethik spielt eine grundlegende Rolle bei der Erbringung von Dienstleistungen, da sie direkt beeinflusst, wie Fachleute mit Kunden interagieren, Herausforderungen bewältigen und ihr Geschäft führen. Hier sind einige wesentliche Punkte zur Ethik in der Dienstleistungserbringung und wie sie zum Aufbau eines dauerhaften Rufes beiträgt:

1. **Transparenz und Ehrlichkeit:**

   - Transparenz und Ehrlichkeit sind wesentliche ethische Prinzipien. Dienstleister sollten transparent über ihre Prozesse, Preise und Richtlinien sein und klare und genaue Informationen für die Kunden bereitstellen.

2. **Integrität in Kundenbeziehungen:**

   - Die Aufrechterhaltung der Integrität in Kundenbeziehungen ist entscheidend. Dies umfasst das Einhalten von Versprechungen, die Einhaltung von Fristen und die Sicherstellung der Qualität der erbrachten Dienstleistung, auch wenn niemand zuschaut.

3. **Respekt für Vertraulichkeit und Privatsphäre:**

    - Die Achtung der Vertraulichkeit und Privatsphäre von Kundendaten ist von entscheidender Bedeutung. Dienstleister sollten vertrauliche Daten schützen und diese nur für die mit dem Kunden vereinbarten Zwecke verwenden.

4. **Gerechtigkeit und Fairness:**

    - Gerechtigkeit und Fairness sollten die Entscheidungen und Handlungen von Dienstleistern leiten. Dies bedeutet, alle Kunden fair und unparteiisch zu behandeln, unabhängig von ihrer Herkunft, ihrem Status oder ihrer Identität.

5. **Soziale und Umweltverantwortung:**

    - Dienstleister haben die Verantwortung, die sozialen und Umweltauswirkungen ihrer Aktivitäten zu berücksichtigen. Dies umfasst die Annahme nachhaltiger Praktiken, die Förderung von Vielfalt und Inklusion sowie die Förderung des Wohlergehens der Gemeinschaft.

6. **Ethisches Management von Interessenkonflikten:**

- Dienstleister sollten Interessenkonflikte ethisch managen, indem sie die Interessen der Kunden priorisieren und Situationen vermeiden, in denen ihre persönlichen Interessen die Neutralität oder Objektivität beeinträchtigen könnten.

7. **Klare und offene Kommunikation:**

    - Klare und offene Kommunikation ist entscheidend für den Aufbau und die Aufrechterhaltung des Vertrauens der Kunden. Dienstleister sollten ehrlich und zugänglich kommunizieren und irreführende oder mehrdeutige Informationen vermeiden.

8. **Aus Fehlern lernen und Verantwortung übernehmen:**

    - Fehler anzuerkennen und dafür Verantwortung zu übernehmen, ist ein wichtiger Teil der Ethik in der Dienstleistungserbringung. Dienstleister sollten bereit sein, aus Fehlern zu lernen, Maßnahmen zu ergreifen, um sie zu korrigieren, und zu vermeiden, dass sie sich wiederholen.

Aufbau eines dauerhaften Rufes:

- Durch die Annahme eines ethischen Ansatzes bei der Erbringung von

Dienstleistungen bauen Fachleute einen soliden und dauerhaften Ruf auf. Das Vertrauen der Kunden wird im Laufe der Zeit durch konsistente Handlungen und ethisches Verhalten gewonnen.

- Ein positiver Ruf, der auf Ethik basiert, zieht nicht nur neue Kunden an, sondern fördert auch die Treue und positive Mundpropaganda. Kunden schätzen Dienstleister, die Integrität, Verantwortung und Respekt zeigen.

- Darüber hinaus stärkt ein ethischer Ruf die Beziehungen zu den Kunden, was zu langfristigen Partnerschaften und positiven Empfehlungen führt. Kunden vertrauen Dienstleistern, die sich zur Ethik und sozialen Verantwortung bekennen.

Zusammenfassend ist Ethik bei der Erbringung von Dienstleistungen nicht nur eine Frage der Einhaltung von Normen und Vorschriften, sondern ein Imperativ für nachhaltigen Erfolg. Durch die Priorisierung von Ethik in allen Interaktionen und Entscheidungen bauen Dienstleister eine solide Grundlage für einen dauerhaften Ruf und gegenseitig vorteilhafte Geschäftsbeziehungen auf.

Die Bedeutung des guten Rufs

Der Dienstleister ist eine zentrale Figur in jeder Branche und ist verantwortlich für die Bereitstellung von Lösungen und die Erfüllung der Bedürfnisse der Kunden. Neben der Bereitstellung qualitativ hochwertiger Dienstleistungen ist es jedoch entscheidend, dass der Dienstleister auf seinen guten Namen und seinen Ruf achtet. Der Ruf eines Dienstleisters ist ein wertvolles Gut, das im Laufe der Zeit durch konsistente Handlungen und ethisches Verhalten aufgebaut wird. Dieser Ruf beeinflusst das Vertrauen der Kunden, die Loyalität und das Wachstum des Geschäfts.

Indem der Dienstleister sein Handeln auf eine solide ethische Grundlage stellt, zeigt er sein Engagement für hohe Standards professionellen Verhaltens. Ethik ist das Fundament, auf dem alle Interaktionen und Geschäftstransaktionen aufgebaut werden sollten. Sie leitet die Entscheidungen des Dienstleisters und gewährleistet, dass er das Richtige tut, auch wenn niemand zuschaut. Diese Integrität ist entscheidend, um das Vertrauen der Kunden zu erhalten und den Ruf des Dienstleisters zu bewahren.

Ethik in der Dienstleistungserbringung geht über die bloße Einhaltung von Gesetzen und Vorschriften hinaus. Es bedeutet, fair, ehrlich und verantwortungsbewusst in allen Situationen zu handeln. Dies umfasst die Transparenz gegenüber den Kunden, die Wahrung ihrer Privatsphäre und Vertraulichkeit sowie die

Einhaltung der vereinbarten Verpflichtungen. Wenn ein Dienstleister nach diesen ethischen Grundsätzen handelt, legt er eine solide Basis für langfristige Kundenbeziehungen.

Ein Ruf, der durch unethische Praktiken beschädigt wurde, kann verheerende Auswirkungen auf den Dienstleister haben. Der Verlust des Kundenvertrauens kann zu Umsatzeinbußen und zukünftigen Geschäftsmöglichkeiten führen. Darüber hinaus kann sich ein schlechter Ruf schnell durch negative Mundpropaganda und soziale Medien verbreiten und die Glaubwürdigkeit des Dienstleisters und seine Wettbewerbsfähigkeit beeinträchtigen.

Auf der anderen Seite kann ein guter Ruf, der auf Ethik basiert, ein mächtiger Wettbewerbsvorteil sein. Kunden schätzen Dienstleister, die Integrität, Zuverlässigkeit und Engagement für ihr Wohlergehen zeigen. Ein positiver Ruf kann neue Kunden anziehen, Empfehlungen generieren und die Bindungen zu bestehenden Kunden stärken. Es ist ein Teufelskreis, in dem Ethik den Ruf fördert und der Ruf die Ethik stärkt.

Darüber hinaus trägt Ethik in der Dienstleistungserbringung zur langfristigen Nachhaltigkeit des Unternehmens bei. Dienstleister, die ethisch handeln, neigen dazu, rechtliche Probleme, Rechtsstreitigkeiten und Imagebeschädigungen zu vermeiden. Sie sind auch besser gerüstet, um Herausforderungen und Krisen zu bewältigen, da sie das Vertrauen und die Unterstützung ihrer Kunden und Gemeinschaften haben.

Daher ist es im Interesse eines jeden Dienstleisters, auf seinen guten Ruf zu achten und in allen Bereichen seines Handelns integer zu handeln. Ethik ist nicht nur eine moralische Verpflichtung, sondern auch eine kluge Strategie für langfristigen Erfolg. Durch den Aufbau und die Bewahrung eines ethischen Rufs legt der Dienstleister die Grundlagen für langfristige Beziehungen, nachhaltiges Wachstum und kontinuierlichen Wohlstand.

Fazit

Zusammenfassung der Schlüsselpunkte

Im letzten Kapitel ist es entscheidend, die Schlüsselpunkte, die im Verlauf dieses Handbuchs diskutiert wurden, zusammenzufassen, um einen umfassenden Überblick zu geben und die wichtigsten Lektionen hervorzuheben, die gelernt wurden. Wir werden die wesentlichen Elemente noch einmal durchgehen, die erkundet wurden, um das Verständnis und die Vorbereitung des Dienstleisters zu stärken.

Kontinuierliche berufliche Weiterentwicklung:

- Kontinuierliche Bildung ist entscheidend, um in einem dynamischen Markt relevant zu bleiben und auf dem neuesten Stand zu bleiben.

- Die Teilnahme an Veranstaltungen, Workshops und das Streben nach Zertifizierungen sind grundlegende Strategien für die berufliche Weiterentwicklung.

Anpassung an Veränderungen auf dem Markt:

- Die Anpassungsfähigkeit ist entscheidend, um Herausforderungen zu bewältigen und Chancen in einer sich ständig verändernden Geschäftswelt zu nutzen.

- Die Identifizierung von Trends, die Entwicklung einer flexiblen Denkweise und das Management von Veränderungen sind Schlüsselelemente für eine effektive Anpassung.

Inspirierende Fallstudien:

- Praktische Beispiele erfolgreicher Dienstleister betonen die Bedeutung spezifischer Strategien wie Spezialisierung, Networking, Online-Präsenz und strategische Zusammenarbeit.

- Die Vielfalt der Ansätze zeigt, dass es kein Patentrezept für den Erfolg gibt, sondern die Notwendigkeit besteht, Strategien an die individuelle Realität anzupassen.

Ethik in der Dienstleistungserbringung:

- Integrität und Ethik sind entscheidend für den Aufbau eines soliden und nachhaltigen Rufes.

- Die Fällung ethischer Entscheidungen trägt zum Kundenvertrauen, zur Kundenbindung und zum nachhaltigen Wachstum des Geschäfts bei.

Balance zwischen Berufs- und Privatleben:

- Die Suche nach einer gesunden Work-Life-Balance ist entscheidend für die psychische Gesundheit, die berufliche Zufriedenheit und eine konsistente Leistung.

Juristische und vertragliche Überlegungen:

- Das Verständnis der Rechtsformen, erforderlichen Lizenzen und die Erstellung von Verträgen sind wesentlich für die Einrichtung und den Schutz eines Unternehmens in der Dienstleistungsbranche.

Persönliches Marketing und Kundenmanagement:

- Der Aufbau einer starken persönlichen Marke, die Nutzung effektiver Marketingstrategien und die Verbesserung des Kundenmanagements sind Schlüsselelemente für den Erfolg in der Dienstleistungserbringung.

Gute Praktiken bei der Dienstleistungserbringung:

- Die Ausarbeitung solider Verträge, effizientes Projektmanagement und die Priorisierung von Servicequalität sind bewährte Praktiken, die langfristig zum Erfolg beitragen.

Juristische und vertragliche Aspekte:

- Das Kennen der Rechte und Pflichten, die effektive Beilegung von Streitigkeiten und das aktuelle Halten rechtlicher Aspekte sind wesentliche Bestandteile für die rechtliche Sicherheit des Dienstleisters.

Werkzeuge und nützliche Ressourcen:

- Die Nutzung von Management-Software, Online-Marketing-Plattformen und

Networking-Ressourcen sind Strategien zur Optimierung des Betriebs und zur Förderung des Geschäftswachstums.

Abschließende Zusammenfassung:

Die Kombination aus kontinuierlichem Lernen, proaktiver Anpassung, ethischen Praktiken, der Balance zwischen Berufs- und Privatleben sowie der effektiven Anwendung von Geschäftsstrategien bildet die Grundlage für langfristigen Erfolg in der Dienstleistungserbringung.

Indem Sie diese Schlüsselpunkte internalisieren, sind Dienstleister in der Lage, den Herausforderungen in einem dynamischen Arbeitsumfeld zu begegnen und zu gedeihen. Dieses Handbuch dient als umfassender Leitfaden, aber denken Sie daran, dass Erfolg eine kontinuierliche Reise des Lernens und der Verbesserung ist. Viel Erfolg auf Ihrer Reise in der Dienstleistungserbringung!

Ermutigung für kontinuierlichen Erfolg

Am Ende dieses Handbuchs ist es entscheidend, Worte der Ermutigung anzubieten, um Dienstleister in ihrem Streben nach kontinuierlichem Erfolg zu inspirieren und zu motivieren. Hier sind einige Schlüsselpunkte, die als Leitfaden für eine dauerhafte und erfolgreiche Reise in der Dienstleistungserbringung dienen können:

1. **Kultivieren Sie eine Lernmentalität:**

    - Betrachten Sie jede Herausforderung als eine Lernmöglichkeit. Bleiben Sie neugierig und offen für neue Ideen und innovative Ansätze.

2. **Seien Sie anpassungsfähig und flexibel:**

    - Die Geschäftswelt verändert sich ständig. Die Fähigkeit, sich flexibel an Veränderungen anzupassen, ist eine wertvolle Fähigkeit. Sehen Sie Veränderungen als Wachstumschancen.

3. **Bauen Sie starke Beziehungen auf:**

    - Beziehungen sind die Grundlage für den Erfolg in der Dienstleistungserbringung. Pflegen Sie authentische Verbindungen, bauen Sie ein solides Netzwerk auf und investieren Sie in die

Entwicklung langfristiger Partnerschaften.

4. **Behalten Sie einen ethischen Ansatz bei:**

    - Ethik ist die Grundlage eines soliden Rufs. Treffen Sie Entscheidungen auf der Grundlage von Werten, seien Sie transparent in Ihren Interaktionen und bewahren Sie Integrität in allen Transaktionen.

5. **Kümmern Sie sich um Ihr Wohlbefinden:**

    - Denken Sie daran, dass Erfolg nicht nur beruflich, sondern auch persönlich ist. Achten Sie auf Ihre geistige und körperliche Gesundheit und halten Sie eine gesunde Work-Life-Balance aufrecht.

6. **Feiern Sie Erfolge, lernen Sie aus Herausforderungen:**

    - Feiern Sie jeden Erfolg, egal wie klein er ist. Betrachten Sie Herausforderungen als Wachstumschancen. Jede Erfahrung trägt zu Ihrer Entwicklung bei.

7. **Beharrlichkeit ist der Schlüssel:**

    - Der Weg zum Erfolg kann Höhen und Tiefen haben. Beharrlichkeit inmitten von Herausforderungen ist entscheidend. Verbessern Sie weiterhin Ihre Fähigkeiten und

Strategien, auch wenn Sie auf Hindernisse stoßen.

8. **Bleiben Sie mit der beruflichen Gemeinschaft verbunden:**

    - Engagieren Sie sich in Ihrer beruflichen Gemeinschaft. Der Austausch von Erfahrungen, Wissen und gegenseitige Unterstützung sind wesentliche Elemente für kontinuierliches Wachstum.

9. **Innovieren Sie und streben Sie nach Exzellenz:**

    - Streben Sie immer nach Innovation. Die Suche nach Exzellenz, sei es in der Servicequalität, der Kundenzufriedenheit oder der betrieblichen Effizienz, ist ein Wettbewerbsvorteil.

10. **Lernen Sie aus vielfältigen Erfahrungen:**

    - Die Vielfalt der Erfahrungen, sei es durch Projekte, Zusammenarbeit oder Interaktionen, ist eine reiche Lernquelle. Nutzen Sie die Gelegenheiten, um Ihren Horizont zu erweitern.

Denken Sie daran, dass Erfolg eine kontinuierliche Reise ist, und jeder Schritt, den Sie unternehmen, trägt zu Ihrem Wachstum bei. Feiern Sie Siege, lernen Sie aus Herausforderungen und verbessern Sie kontinuierlich Ihre Fähigkeiten -

dies sind wesentliche Elemente für eine erfolgreiche Karriere in der Dienstleistungserbringung.

Ich danke Ihnen, dass Sie dieses Handbuch begleitet haben, und wünsche Ihnen eine Reise voller Erfolge, beruflichem Wachstum und persönlicher Zufriedenheit. Gehen Sie weiterhin mit Hingabe und Leidenschaft für die Dienstleistungserbringung den Weg zum Erfolg. Viel Glück!

Empfohlene Bücher für zusätzliche Ressourcen

Für ein tieferes Eintauchen und eine kontinuierliche Quelle wertvoller Einblicke auf Ihrer Reise in der Dienstleistungserbringung empfehlen wir die folgenden Bücher. Diese Werke bieten praktische Perspektiven, bewährte Strategien und Inspiration, um Ihre beruflichen Fähigkeiten zu verbessern und nachhaltigen Erfolg zu erreichen:

1. **"Die Lean Startup" von Eric Ries:**

    - Dieses Buch behandelt wesentliche Prinzipien für Unternehmer und Dienstleister und betont die Bedeutung kontinuierlicher Innovation, Kundenfeedbacks und betrieblicher Effizienz.

2. **"To Sell Is Human" von Daniel H. Pink:**

    - Pink untersucht die Kunst des Verkaufens und wie jeder auf die eine oder andere Weise in Verkaufsaktivitäten involviert ist. Das Buch bietet Einblicke in Überzeugungskraft, Einfluss und effektive Kommunikation.

3. **"Konzentrierte Arbeit" von Cal Newport:**

    - Newport behandelt die Bedeutung von tiefer Konzentration in einer Welt voller Ablenkungen. Er bietet Strategien, um die Produktivität zu maximieren und bedeutende Ergebnisse zu erzielen.

4. **"Die Macht der Gewohnheit" von Charles Duhigg:**

    - Duhigg erforscht die Kraft der Gewohnheiten und wie ihr Verständnis zu positiven Veränderungen sowohl im persönlichen als auch im beruflichen Leben führen kann.

5. **"Atomic Habits" von James Clear:**

    - Clear untersucht, wie kleine Veränderungen in den täglichen Gewohnheiten zu großen Transformationen führen können. Er bietet praktische Strategien, um positive Gewohnheiten aufzubauen.

6. **"Die 7 Wege zur Effektivität" von Stephen R. Covey:**

    - Covey stellt sieben grundlegende Gewohnheiten vor, die zu einem effektiveren und produktiveren Leben führen können. Die diskutierten Prinzipien haben direkte Anwendungen in der Dienstleistungserbringung.

7. **"Schwierige Gespräche" von Kerry Patterson, Joseph Grenny, Ron McMillan und Al Switzler:**

- Dieses Buch behandelt, wie man mit schwierigen und wichtigen Gesprächen umgeht, eine entscheidende Fähigkeit im Kundenmanagement und Konfliktlösung.

8. **"Start with Why" von Simon Sinek:**

    - Sinek erforscht die Bedeutung des Beginnens mit dem "Warum" bei der Kommunikation einer Vision oder der Bereitstellung von Dienstleistungen. Er hebt die emotionale Verbindung als Katalysator für den Erfolg hervor.

9. **"Mindset: Die neue Psychologie des Erfolgs" von Carol S. Dweck:**

    - Dweck erforscht den Unterschied zwischen einem fixen und einem Wachstums-Mindset und wie letzteres sich positiv auf Leistung und Entwicklung auswirken kann.

10. **"Measure What Matters" von John Doerr:**

    - Dieses Buch betont die Bedeutung der Festlegung und Messung von Schlüsselzielen, um den Erfolg in Unternehmen und Dienstleistungserbringung zu lenken.

Diese Bücher bieten eine Mischung aus Theorie und Praxis und bringen wertvolle Einblicke von Experten aus verschiedenen Bereichen. Indem

Sie die Lehren dieser Werke in Ihren beruflichen Ansatz integrieren, sind Sie besser gerüstet, um Herausforderungen anzunehmen und Ihre Ziele in der Dienstleistungserbringung zu erreichen. Viel Spaß beim Lesen und Erfolg auf Ihrer Reise!

www.ingramcontent.com/pod-product-compliance
Lightning Source LLC
Chambersburg PA
CBHW062109220526
45471CB00010B/3668